Où es-tu?

ÉDITION DU CLUB QUÉBEC LOISIRS INC.

Dépôt légal — Bibliothèque nationale du Québec, 1996
ISBN 2-89430-183-9
(publié précédemment sous ISBN 2-89111-639-9)

Imprimé au Canada

Solange Chaput-Rolland

Où es-tu?

« Tu ne me chercherais pas tant
si tu ne m'avais déjà trouvé. »

Blaise Pascal.

MIREILLE

Je t'ai cherché longtemps. Lorsque j'entrais dans une librairie et que je voyais certains de mes livres en étalage, j'étais malheureuse de te savoir endormi dans les pages de notre roman. J'écris «notre», car tu en étais, autant que moi, l'auteur. J'étais demeurée hantée par toi, et j'avais encore la nostalgie de ton personnage dont je cherchais la trace depuis le jour où tu t'étais absenté de ma vie.

J'ai souvent lu, dans les pages intimes de plusieurs auteurs plus célèbres que moi, que nos personnages germent et grandissent en nous comme un fœtus au sein de sa mère. Mais, alors que l'humain dans l'humaine nature naît enfant, nos personnages, la plupart du temps, naissent adultes, ayant entre vingt et soixante-dix ans. Du moins est-ce là mon expérience. Et toi, tu m'es arrivé un soir de colère sur la mer, et tu avais déjà cinquante ans. Rares sont les écrivains qui choisissent leurs personnages; ce sont eux qui, la plupart du temps, s'imposent à nous. Nous connaissons évidemment leurs contours, leurs atours, mais, au moment magique où nous les saisissons dans leur réalité fictive, ils nous prennent en charge. Du moins est-ce ainsi que tu t'es imposé à moi, ne me laissant pas la liberté de raconter mon histoire à travers toi, mais imposant ton masculin à mon féminin. Cette minute est exaltante pour l'auteur.

Je t'avais porté au mitan de mon être pendant des années, mais je ne savais ni ta force ni ta puissance sur moi. Au-delà de mes occupations quotidiennes, je demeurais, dans la part secrète de mon être, attentive à certains gestes, certaines paroles, certaines attitudes qui naissaient de toi, pour fixer ta personnalité dans mon imagination. À mesure que les semaines passaient, tu prenais possession de mon temps, de mon esprit, de ma solitude. J'ai mis longtemps à te trouver, et encore plus longtemps à te chercher après que tu eus quitté l'écran de mon ordinateur. À compter de ce jour-là, je fermai ma porte à mes amies et connaissances pour la tenir ouverte à ton retour... Mais tu mis du temps à revenir chez moi. Et c'est cette histoire que je veux raconter, pour m'en délivrer une fois pour toutes.

Je ne me reconnaissais pas dans ta silhouette car tu avais tenu à maintenir ton identité d'homme, mais, malgré toi, tu étais mon prolongement. J'étais tout entière dévorée par toi, et je te respectais comme un second moi, sans pour autant te contraindre à vivre mes sentiments, mes émotions ou mes passions. Écrire, ce n'est pas copier, mais d'abord créer, et la naissance d'un personnage apporte autant de joie à son auteur que la naissance d'un enfant à ses parents. Chaque romancier ou dramaturge tisse un peu de son être dans la toile de fond de ses héros. Gustave Flaubert allait jusqu'à affirmer: «Madame Bovary, c'est moi», à propos du personnage de son roman qui porte ce nom, mais toi, tu n'étais pas moi. Tu avais refusé de te prêter à un simulacre. C'était ton droit le plus strict et je le respectais, car un écrivain qui se sert de ses personnages pour planter ses messages n'est pas digne de ses responsabilités de créateur.

Ton indépendance cependant me causait beaucoup de souci, car, lorsque je prenais place à ma table de travail, face à mon ordinateur, j'étais dès lors en attente de toi. Tu me venais de loin. Tes mots étaient de nostalgie, des appels au bonheur. Ma réalité était de tristesse et de lassitude, et mes états d'âme m'ont poussée à t'investir d'une immense soif de vivre... Je désirais, quand je t'ai donné une présence dans mon univers fictif, m'inventer une allégresse perdue au moment où avait disparu dans l'éternité celui que j'avais tant aimé dans ma réalité de femme.

Tu as exigé non pas *la* vérité, mais *ta* vérité, et — ô miracle ! — elle coïncidait avec la mienne. Mais je savais au plus profond de moi que, si je t'emprisonnais dans mon écriture, tu risquerais de te retrouver dans un paysage dont nous ne connaissions pas la géographie humaine et fictive. Je suis certaine, Pascal, qu'un auteur invente ses histoires, mais si elles n'ont de racines nulle part dans une réalité vécue pendant son adolescence ou sa maturité, dans un amour ou un désamour, dans une guerre ou dans des souvenirs épars de sa famille ou de son pays, alors cet auteur triche avec une part de la vérité.

Si j'avais tant besoin de dire notre histoire, c'est que c'en était une d'amour. Or, l'amour était hors de ma vie depuis longtemps. La mort était entrée dans ma maison cinq ans auparavant et elle l'avait vidée de sa vitalité. Depuis cette année fatidique, je vivais seule, recroquevillée dans mes souvenirs, amputée de la meilleure part de moi-même. La solitude m'était devenue si pesante que, la nuit, je m'éveillais en quête d'une épaule où appuyer ma tête, d'un corps contre lequel me blottir. Ma solitude écrasait toutes mes joies, et, telle une chape de plomb pesant sur mon corps, la tristesse alourdissait ma démarche. Un matin de grande errance devant une mer déchaînée contre je ne sais qui ou je ne sais quoi, j'ai eu peine à refréner mon envie de me laisser rouler dans ses vagues, jusque dans son éternité. Mais, ce jour-là, pour la première fois, je t'entendis dire, à voix basse: «Je suis Pascal et j'ai une histoire à te confier. — Quelle histoire? ai-je répondu pareillement à voix basse. — La nôtre», as-tu murmuré. Instinctivement, je me suis levée de mon fauteuil pour me rendre à mon ordinateur afin d'inscrire en haut de l'écran: «Où es-tu?» Ce soir-là, Pascal, sans bien le comprendre, je t'avais saisi au vol avant de te nicher dans le répertoire de mon ordinateur. Les écrivains sont des êtres mystérieux; ils portent en eux des ersatzs d'humains et ils cueillent au passage celui qui correspond le mieux à leur vérité, à leurs espérances personnelles, à leur désir de créer.

Depuis le jour où je me suis retrouvée devant l'écran cathodique, à l'écoute de ton cheminement personnel, je me suis entendu répéter par les miens:

«Mais que vous arrive-t-il? Jamais vous n'avez été si radieuse.» C'était toi, Pascal, qui, précisément, m'arrivais de ce paradis fictif dans lequel doivent languir tous les héros de roman, de pièce de théâtre, de série télévisée qui n'ont pas encore trouvé leur auteur.

Je t'avais enfin trouvé.

Durant des jours et des jours, je t'ai attendu pour entendre ta voix, connaître tes expériences, tes réactions d'homme à ta capacité d'aimer. Je me suis mieux comprise. Ta chaleur me réchauffait et, racontant tes espoirs et désespoirs, je me suis prise à ton jeu. Moi aussi, j'aimais. Qui? Toi, Pascal, toi, mais j'ai mis un peu de temps à le comprendre. Je dormais contre ton sommeil et je me dorais à ton soleil. Ta solitude d'amant désolé devenait ma fortitude de femme esseulée. Quel incroyable miracle que l'écriture, Pascal! Quel prodige de créer des êtres fictifs pour remplacer ceux que la mort nous enlève dans la réalité! Quelle merveille de t'inventer un sourire pour éclairer le mien!

Lorsque, sur l'écran de mon ordinateur, tu eus pris tout ton poids littéraire et que mes pages imprimées t'eurent invité à ma table pour corriger certaines de tes erreurs, tu te mis à grandir et à prendre forme sous mes yeux ébahis. Tu étais présent, merveilleusement présent, au vide de ma maison devant la mer. Tous les matins, j'apprenais, dans l'aube rose d'un nouveau jour de mer, qui tu étais. Et plus je te comprenais, plus je déchiffrais ton mystère individuel, plus je me ressourçais à tes racines fictives. De notre rencontre, je suis née une seconde fois en assumant enfin mon âge, et alors, alors seulement, nos histoires se sont fondues en une seule.

Notre fusion me rappelait cette ballade que mon père chantait si joliment au temps de mon vert printemps:

Mon cœur est mêlé tant et tant au tien
Que je ne sais plus lequel est le mien

Mon été fut ton soleil; mes vagues et marées furent ta mer imaginaire; tes malheurs furent mes bonheurs, et inversement. En fait, l'auteur de mon livre, c'était d'abord toi, et j'acceptais ton fardeau avec une joie sans restriction. Tu me pris en charge avec une telle force que, petit à petit, à mesure que je noircissais mes pages, je devins une autre femme. Plus douce, je crois, plus sensible, plus silencieuse. Le moindre bruit te faisant fuir, j'assumais avec gratitude ma solitude d'écrivain et je tournais le dos à la mer pour te regarder évoluer sur mon écran. Tu étais beau, séduisant, et, malgré ta virile tendresse, tu demeurais un peu lointain. En fait, Pascal, ta patience suscitait la mienne, ta froideur justifiait ma timidité, mais ta sagesse m'instruisait.

Un soir, je dînais chez des amis; nous étions joyeux, bruyants, avalant autant de vin que notre soif en pouvait accepter. Brusquement, un silence se fit autour de la table, je ne savais pas pourquoi. Je me tus la dernière, et, durant quelques secondes, avant que la conversation ne reprenne entre nous tous, je perdis le son de ta voix, j'oubliai ton visage. Tu étais parti de moi. Je me suis levée comme une folle — «Elle a trop bu», dirent alors quelques amis — et je me suis enfuie sans explications de cette maison voisine de la mienne, pour te retrouver. Ici non plus, tu n'étais plus là. J'ouvris l'ordinateur, appuyai sur toutes les touches de rappel. Tu avais disparu de sa mémoire, mais non de la mienne.

Oh! Pascal, où étais-tu, où étais-tu? Dans quel ciel imaginaire promenais-tu ton esseulement? Comment arrivais-tu à te passer de moi? Tu pouvais revivre ton passé, mais tu avais perdu notre avenir. Que pouvais-je faire pour te retrouver?

J'ai faxé ma détresse à une amie, Mélissa Arnoud.

FAX DE MIREILLE DUTOUR
Numéro: 418-701-0101

Je suis incapable de retrouver le fichier du personnage de Pascal de mon roman «Où es-tu?». J'ai essayé toutes les commandes possibles pour le récupérer. Peux-tu me venir en aide?

Pascal, pourquoi avais-tu tout à coup décidé de me quitter? Avais-je trahi ta pensée, faussé ta trajectoire? T'avais-je froissé en plaçant mon écriture devant tes meurtrissures? Je possédais quelques bribes de toi dans trois autres chapitres que j'avais sauvegardés, mais la panique m'a fait oublier la touche magique qui t'aurait permis de sortir du fichier au sein duquel tu languissais. Tout à coup, la sonnerie de mon fax retentit.

FAX DE MARC PATROUE
Numéro: 617-781-0221

Madame, vous vous êtes trompée de numéro en envoyant votre fax. C'est moi qui l'ai reçu. Je vous connais de nom et de réputation. Excusez mon indiscrétion, mais, au sujet de la méthode de l'ordinateur, je me permets de vous répondre pour vous offrir mon aide. Il existe un moyen pour récupérer un fichier perdu. Fermez votre ordinateur pour calmer votre détresse. Détendez-vous. Rien de bon ne se fait dans la panique. Moi aussi, je perds souvent des fichiers.

Si vous me répondez, je tenterai de vous venir en aide. Avec admiration, et sympathie pour vos difficultés présentes.

Ce message électronique d'un inconnu me stupéfia.

En prenant bien soin, cette fois, de ne pas me tromper de code régional, je m'empressai d'envoyer à Mélissa le message qu'elle n'avait pas reçu, et elle me répondit presque immédiatement.

FAX DE MÉLISSA ARNOUD
Numéro: 207-781-0221

Non. Je ne connais rien dans ce domaine. Ne désespère pas. Je demanderai conseil. Je suis là.

Je lui envoyai aussitôt un autre fax pour l'informer de celui que j'avais reçu de Marc Patroue. Puis je m'en fus des heures durant marcher et pleurer sur la plage. Comment allais-je te retrouver? Quelle magie allait te redonner la vie et relancer la mienne? J'avais une échéance à respecter. Mon éditeur attendait ce roman, déjà annoncé, et sans toi je me savais incapable d'ajouter une ligne à mon manuscrit. À mon tour, j'étais en panne de rêves; les tiens étaient mes cauchemars désormais. Bien sûr, j'aurais pu fort bien essayer de te réinventer dans mes pages, mais ce Pascal recréé uniquement dans mon écriture n'aurait pas correspondu à ce qui me reliait à toi, intimement et profondément. Cette fois, c'est moi qui aurais pris mon personnage par la main et qui l'aurais conduit là où seule je voulais le mener.

Mon livre n'aurait pas été de bonne qualité. Mon écriture soudée à une inspiration sans spontanéité m'aurait transformée en un écrivain qui domine ses personnages pour satisfaire sa propre fierté et son ambition. Je ne voulais pas écrire pour écrire, mais pour partager un peu d'amour avec toi, Pascal, ainsi qu'avec les miens.

Je regardais la mer en pensant à toi. Je vais me rafraîchir à ses vents comme à ses vagues chaque fois que la vie me tourmente. Je ne suis jamais seule devant elle; autour de moi, plusieurs femmes, hommes et enfants marchent, jouent au ballon, construisent des châteaux de sable aussi fragiles que ceux que j'essaye d'édifier avec mes mots. Ce jour-là, j'enviais leurs rires, leur jeunesse, leur évident bonheur d'être, car moi, Pascal, j'avais le malheur d'être un auteur à la recherche de son sosie, un Pirandello des temps modernes. Pour lui, six personnages étaient en quête d'un auteur; j'étais un auteur en quête de mon personnage.

De retour à la maison, un fax m'attendait.

FAX DE MARC PATROUE
Numéro: 617-781-0221

Madame, j'ai obtenu une copie du logiciel qui pourra servir à retrouver votre fichier. Je dois me rendre à Québec pour affaires dans quinze jours; me permettez-vous de vous demander comment et où vous rejoindre? Acceptez mes hommages.

Eh bien, Pascal, comme c'est étrange! Je t'avais perdu dans mon ordinateur et je découvrais un ami par mon fax. Deux jours passèrent. Je me suis de nouveau assise devant mon ordinateur; je lui ai redonné de la vitalité en ouvrant devant son écran allumé le guide de l'utilisateur de mon logiciel. J'ai appuyé sur les touches dont il est question dans les paragraphes «Aide-help», «Sauvegarde d'un document», «Récupérer un document». Je passai trois heures de fébrilité, de tension, mais je m'obstinai. Puisque j'avais baptisé un fichier à ton nom, que trois autres chapitres étaient sauvegardés sur une disquette de réserve, je devais, coûte que coûte, essayer de te retrouver. Après de longues heures frénétiques, je m'arrêtai, au bord de la crise d'angine. Je venais de répéter les gestes malhabiles des premières heures de ton absence.

La sonnerie du fax retentit.

FAX DE MÉLISSA ARNOUD
Numéro: 207-781-0221

Excuse mon silence. Il me fallait réfléchir pour savoir comment identifier ton mystérieux correspondant. Des amis, experts en informatique, m'ont informée qu'il travaille à Boston pour IBM. Fais-lui confiance, mais sans commettre d'imprudence. Rencontre-le dans un endroit public; étudie son comportement et, si tu te sens rassurée, ramène-le aux Éboulements. Faxe-moi tes réactions après ta rencontre avec lui. Je pense à toi. Tendresses de mer.

J'aurais dû le pressentir. Mélissa avait longuement réfléchi à cette histoire pour le moins insolite avant de me conseiller. Je tenterais, à son exemple, de connaître un peu mieux l'identité de ce monsieur qui travaillait pour IBM. Mon éditeur connaît bien le représentant de cette compagnie à Montréal, et c'est grâce à lui que je me suis dotée de cet ordinateur maudit. Je décidai de lui téléphoner le soir même, pour savoir s'il connaissait Marc Patroue.

Oh! Pascal, quelle inquiétude tu me causais! Seuls les bruits de ma fureur à te retrouver dans mon répertoire me tenaient compagnie. Jamais je n'avais été si seule, si désemparée. Après avoir publié une dizaine de romans, j'ignorais la capacité d'amour d'un auteur pour ses personnages. Car s'il devait exister un roman d'amour entre la femme que tu aimes et toi, il en existait un second entre toi et moi... Je venais enfin de le comprendre. «Où es-tu, Pascal? Où es-tu?», ne cessais-je de me répéter.

Mon éditeur me prévint que personne ne connaissait ce Patroue. Je me décidai à lui faxer une réponse.

FAX DE MIREILLE DUTOUR
Numéro: 418-701-0101

Merci. Si vous venez comme prévu à Québec, faites-moi savoir par fax où vous logerez. J'irai alors vous chercher pour vous recevoir chez moi, le temps de retrouver mon fichier. Je vous remercie de votre courtoisie.

J'avais rédigé ces mots à la main. Depuis que tu avais quitté ma vie, Pascal, je n'avais pas une seule fois écrit avec cet ordinateur. Il me terrifiait. Je ne lui faisais plus confiance, et j'avais perdu toute assurance de savoir comment l'employer efficacement.

Je partis pour Québec. Marc Patroue devait m'attendre sur la terrasse du Château Frontenac, dans l'après-midi vers quinze heures. Qu'avais-je à perdre en acceptant de le rencontrer? J'étais à bout de nerfs, lasse de pianoter en vain sur le clavier de mon ordinateur, et désespérée d'avoir perdu tant de pages deux mois avant l'échéance fixée par mon éditeur. De plus, je venais de perdre autant de jours à chercher Pascal que d'amis pour me consoler. Je les avais impatientés par ma détresse d'écrivain. Écrire, dans mon cas, c'est une nécessité vitale, mais, à raconter mes déboires de romancière à des amis de rencontre, à me laisser aller à des confidences inutiles, ennuyeuses, embarrassantes, je les impatiente et ils me le font savoir. Je reviens dans Charlevoix tous les étés pour me ressourcer, mettre mon âme à nu et dialoguer avec la mer-fleuve, qui me caresse de la mélodie de ses vagues pour me rafraîchir dans la beauté de son paysage, me colorer aux pastels de ses aubes et de ses crépuscules. L'hiver, je ne vis pas; j'attends mon retour dans Charlevoix pour écrire.

Je me disais que si ce Marc Patroue était capable de guérir mon ordinateur de ses virus, je lui vouerais une reconnaissance profonde. Mais, pour une femme en deuil depuis cinq ans d'un amant et d'un amour qui avait duré vingt ans, l'écriture était désormais mon soutien, mon gagne-pain, mon équilibre, et une autre forme d'amour. Jamais je ne m'étais prêtée à une rencontre avec un inconnu. Qu'aurais-tu dit, mon Martin, si tu m'avais vue quitter Les Éboulements pour Québec afin de rencontrer un étranger, le ramener chez nous et lui confier la tâche de retrouver un être fictif dont tu ignorais la trajectoire?...

Tu étais romancier, toi aussi, et nos tables de travail se jouxtaient dans notre belle demeure de Montréal. Souventes fois, nous nous sommes querellés lorsque l'un de nous lisait le manuscrit de l'autre.

Pourquoi? À vrai dire, Martin, je ne m'en souviens plus très bien. Tu me corrigeais, je me rebiffais; je te suggérais une phrase plus courte, tu t'emportais contre moi. Mais, la nuit venue, nous nous aimions. De cela, je me souviens...

Martin, Martin, où es-tu?

As-tu oublié notre rencontre maintenant que tu es installé à demeure dans ton éternité? Te souviens-tu, dans ce ciel auquel tu ne croyais pas, du jour où, dans une librairie à la mode de Montréal, je marchai vers toi pour te demander de signer ton roman que je venais d'acheter? Tu me regardas avec un rien de timidité. «À qui dois-je dédicacer mon livre?», demandas-tu doucement. «Je me nomme Mireille Dutour.» Tu sursautas, me regardas un moment, et signas gentiment ton livre. À l'instant où je m'éloignais de toi, tu me dis rapidement: «J'aimerais vous connaître. J'aime ce que vous écrivez, mais je comprendrais mieux votre pensée si nous prenions un verre ensemble, tout à côté de cette librairie.» Sans réfléchir, j'acceptai. Le verre se poursuivit en apéritif, nous le prolongeâmes en dîner, puis, sans une seule fois m'inquiéter de ce qui pourrait m'arriver, je t'invitai chez moi. Tu acceptas et en repartis vingt ans plus tard.

Notre rencontre fut, comme disent nos amis anglophones, «*love at first sight*». Et, par la suite, nous avons vécu un amour de longue durée, à fidélité sans faille, en bonheur majeur. Puis, un matin, tu dus sortir tôt pour te rendre à un studio de télévision — tu étais critique littéraire —, un camion te renversa et la police me prévint de ta mort. Nous étions, toi et moi, par un hasard peu commun, sans famille. La tienne était morte; la mienne aussi. Je téléphonai à la station de télévision pour prévenir le réalisateur de ton accident mortel, et, aux actualités de dix-huit heures, je vis un de tes collègues, visiblement ému, faire ton éloge. Ton beau visage d'homme toujours en santé emplit soudain l'écran. Jamais je n'avais regardé ton émission. Tu m'avais dit être incapable de parler devant moi, et, pour la première fois de notre vie, je t'ai regardé travailler, analyser, poser des questions à une jolie femme qui te souriait en parlant de sa pièce de théâtre. Sur le coup, je devins jalouse, farouchement jalouse, mais, une seconde plus tard, je revins à ma triste réalité. Tu étais parti, mais toujours vivant sur mon écran de télévision. Dis, Martin, dans cette après-vie dont les vivants ignorent la réalité, existe-t-il un Dieu, sa Trinité, ses saints, sa mère, ses apôtres, et tous les humains décédés depuis qu'un homme nommé Adam commença de mourir dans sa première vie au paradis? Je t'ai parlé, je t'ai supplié de me faire parvenir un message afin que je sache si tu pouvais entendre ma plainte, ma douleur, mon besoin de tes bras, de ton amour, de ton corps.

Est-ce vrai qu'il existe un au-delà? Est-ce vrai qu'un jour je te retrouverai? Est-ce vrai, l'éternité, Martin? Moins d'une heure après ta mort, tu parlais, tu me souriais encore à la télévision. Est-ce vrai, comme l'écrivait Florida Scott-Maxwell, que la mort n'est qu'une naissance*? Depuis que tu as mis les voiles

---

* *La Plénitude de l'âge*, Florida Scott-Maxwell, traduction de Solange Chaput-Rolland et d'Elsa J. Foster, Libre Expression, 1994.

vers cet inconnu qui me hante, je me suis donnée à l'écriture. Je suis aujourd'hui un auteur à succès ; près de toi, je fus une romancière en quête d'elle-même et je te dois d'être devenue qui je suis. Martin, tu m'aurais trouvée ridicule dans mon traumatisme électronique, toi qui refusais avec hauteur de te servir de l'ordinateur, « un moteur électrique qui pond des mots comme une poule des œufs, sans que jamais la poule sache si ses pontes sont de qualité », jugeais-tu ironiquement. Peut-être avais-tu raison, toi qui, un cahier sur les genoux, alignais patiemment tes phrases avec un simple stylo. Au moins, tu ne perdais jamais un paragraphe, surtout pas un chapitre dans lequel le personnage principal de ton livre prenait forme, couleur et vie...

Plus j'avançais vers Québec, plus je ralentissais la vitesse de la voiture. Je redoutais cette rencontre avec Marc Patroue. Je réalisais que je m'étais trop attardée à la joie de retrouver Pascal grâce à lui, et pas assez au sens de ce rendez-vous. Que penserait-il de moi, cet homme dont je ne connaissais ni le son de la voix ni la couleur des yeux ou des cheveux ? Serait-il poli ou grossier envers moi, qui, par fax seulement, avais accepté de le ramener aux Éboulements ?

Pauvre Martin ! S'il avait été vivant, son horreur des ordinateurs, sa politesse innée, sa jalousie possessive mais non étouffante m'auraient dissuadée d'oser une démarche dont la précipitation m'étonnait. Étais-je en train de faire une folie, de commettre une imprudence ? Je n'avais pas osé informer mon entourage de Charlevoix, et particulièrement mes amies des Éboulements, de ma décision de me rendre à Québec pour connaître ce Marc Patroue dont, en somme, je ne savais absolument rien, sauf qu'il œuvrait au sein du géant américain IBM. Décidément, je ne voulais pas me rendre au Château Frontenac. Je dirigeai ma voiture vers le pont de l'île d'Orléans pour réfléchir un peu plus longtemps avant de me présenter à mon inconnu. La vie est bizarre; celle d'un écrivain encore plus. Pourtant, lors de ma première rencontre avec Martin, j'avais avec lui aussi commis une imprudence en l'invitant chez moi quelques heures seulement après l'avoir rencontré dans une librairie. Je sais depuis ce soir de bonheur que Martin aussi s'était demandé comment il osait m'accompagner jusque dans la maison que je tenais de mes parents. Mais les choses entre nous ont si bien tourné que je me disais que peut-être Marc Patroue retrouverait Pascal, réfugié dans les tripes mécaniques de cet ordinateur que son expérience personnelle devait fort bien maîtriser. Mais moi, me maîtriserais-je, moi, si je découvrais, après quelques heures aux Éboulements, que Patroue s'est joué de ma naïveté d'auteur obligé de retrouver son personnage pour rédiger son roman mais fort imprudent dans sa façon d'agir?

Je fis le tour de l'île, pour admirer une fois de plus sa beauté, sa sérénité, sa quiétude, et me replonger dans son histoire, faute de connaître le dénouement de la mienne. Mais il était déjà seize heures et je lui avais faxé au Château Frontenac l'heure de mon arrivée. J'étais une heure en retard et jamais je n'oserais revenir à la brunante avec cet étranger. Je devais le voir en pleine clarté, l'écouter me parler dans la lumière du jour, non dans la grisaille du soir charlevoisien. Il fallait que je me rende rapidement à cet hôtel. Mais je mourais de peur, je me disais que j'étais une imbécile, que jamais je n'aurais dû tenter de retrouver Pascal à travers ce monsieur que déjà je redoutais. Comme je me trouvais bête, sottement impulsive et dangereusement émotive !

Le portier de l'hôtel me reconnut ; je lui donnai mes clés en lui promettant de reprendre la route dans moins d'une heure. Je montai sur la terrasse du Château ; un homme élégant, cheveux grisonnants, livre en main, était seul à une table. Il lisait mon dernier roman ; ma photo étant en page couverture, il me reconnut dès qu'il entendit mes pas.

— Je suis Marc Patroue, me dit-il en se levant pour m'accueillir. Je commençais à désespérer de vous rencontrer.

— J'ai failli ne pas venir, lui dis-je en prenant place près de lui.

Il me versa un verre de vin blanc et, me regardant gravement, il dit :

— Moi aussi.

Du coup, le courage me revint. Il avait hésité à me rencontrer, donc il était bien élevé, et pas du tout un profiteur de femmes esseulées, pensai-je en cherchant à lui cacher ma gêne.

— Je ne suis pas encore très certaine que mon acceptation de vous rencontrer soit une sage décision.

— Vous n'avez rien à craindre de moi, madame, je ne suis pas très dangereux. Mais moi aussi j'écris avec un ordinateur. Métier oblige, ajouta-t-il en souriant.

— Vous écrivez quoi ? lui demandai-je aussitôt.

En parlant de notre métier, nous nous situions instinctivement en terrain connu.

— Des tentatives de mauvais romans policiers à la Perry Mason.

— Vous êtes américain, monsieur Patroue ? osai-je enfin demander.

— Français d'origine, mais résidant à Boston depuis dix ans. Ma compagnie, installée dans cette ville, m'a fait venir de Bordeaux, où je la représentais. Dès que j'ai mis les pieds dans le Massachusetts, je suis tombé amoureux de cette région baignée par la mer. Ma mère étant décédée, j'ai accepté de quitter mon pays natal...

— Et votre père ? fis-je timidement.

— Je ne l'ai pas connu. Ma mère, pour des raisons personnelles, me parlait rarement de lui. Je respectais sa discrétion, mais je cherchais parfois à percer son silence, sans réussir. Je vous raconterai mon histoire plus tard. Aujourd'hui, la vôtre m'intéresse. Car tout ce qui concerne les ordinateurs me passionne. Je me suis vite adonné à ce sport, ajouta-t-il en riant, donc je comprends ce que vous vivez à cause de la perte de votre fichier.

Le temps passe très vite quand deux écrivains se racontent. Il faisait nuit lorsque je décidai de retourner avec Marc aux Éboulements. Une fois que nous fûmes tous deux installés dans ma voiture, l'inquiétude de nouveau s'empara de moi. Il s'en aperçut.

— Mireille, dit-il, ne soyez pas inquiète. Je ne suis pas un batteur de femme ni un maniaque sexuel.

— Je pourrais fort bien aller chez une amie et partir avec vous tôt demain matin. La route de Québec aux Éboulements est féerique. Ce sera triste pour vous de la parcourir dans l'obscurité.

Je me savais un peu fausse en lui disant cela, mais cette randonnée dans la nuit naissante ne me rassurait pas du tout.

— Et puis, dis-je comme pour moi-même, je ne puis décemment vous inviter à passer la nuit sous mon toit...

— Mon agent de voyage a déjà retenu une chambre pour moi dans une auberge.

Il me tendit une carte et je reconnus une auberge sise à quelques kilomètres des Éboulements. J'étais rassurée et nous partîmes.

— Expliquez-moi, dit-il, ce qui vous est arrivé avec votre fichier et ce que vous avez tenté de faire pour le récupérer.

Nous avons causé ordinateurs, logiciels, capacité de mémoire, disquettes, fichiers... En moins d'une heure, nous étions arrivés à son auberge.

Il ouvrit le coffre de la voiture, prit une petite valise et me demanda s'il pouvait laisser une grosse mallette dans mon auto.

— Demain, je serai chez vous à dix heures...

— Je passerai vous chercher, lui dis-je.

— Non, Mireille. Mon agent a eu l'amabilité de me prêter sa seconde voiture pour faciliter ma venue chez vous. Elle m'attend à l'auberge, a-t-il promis. Je ne suis pas ici pour ajouter à vos épreuves, mais pour tenter d'en soulager au moins une.

Il me regarda un moment, fit un signe de tête et dit :

— À demain ! Et dormez sans inquiétude ; je retrouverai votre fichier, vous pouvez en être sûre.

Je revins aux Éboulements, pensive, rassérénée, avec un je ne sais quoi de joie nouvelle.

Un fax de Mélissa m'attendait.

FAX DE MÉLISSA ARNOUD
Numéro: 207-781-0221

Téléphone-moi ou faxe-moi ta réaction à Patroue, quelle que soit l'heure de ton retour de Québec. Je suis inquiète.

Je lui répondis aussitôt.

FAX DE MIREILLE DUTOUR
Numéro: 418-701-0101

Je suis rassurée. Marc est honnête, aimable, et il m'aidera. Je te faxerai souvent des nouvelles durant son séjour ici. Ne sois pas inquiète; je le suis tellement moins.

À dix heures, Marc entra chez moi, son gros porte-documents à la main. J'ai aussitôt fait de l'espace sur la table de la salle à manger pour son ordinateur portable, ses documents et ses disquettes.

— Mireille, dit-il, je ne vous promets pas de récupérer votre fichier en quelques minutes. Vous me permettrez, je l'espère, d'étudier votre ordinateur, d'en vérifier le logiciel, de constater si la disparition de votre fichier est due à une erreur de votre part ou à une défaillance électronique.

— Je consens volontiers à répondre à toutes vos questions, et surtout à vous indiquer la façon dont habituellement je sauvegarde mes fichiers pour ensuite les récupérer selon la méthode indiquée dans le manuel du logiciel.

Je regardai Marc prendre possession de mon ordinateur et une jalousie bizarre s'empara alors de moi. Voilà donc qu'un monsieur dont j'ignorais tout de la vie personnelle était déjà occupé à fouiller la mienne, tant il est vrai qu'un manuscrit rédigé à la main, puis tapé sur le clavier d'une machine à écrire ou d'un ordinateur, a jailli de la part secrète de celui ou celle qui en est l'auteur. J'en étais à mon dixième livre, à cinquante ans, et j'avais évolué de la plume trempée dans l'encre à l'ordinateur rebelle. Mais toujours ce fut la Mireille un peu secrète qui s'est révélée dans mes livres. Or, tant qu'un manuscrit n'est pas publié, il appartient à son auteur. Marc, qui ne se souciait guère d'excuser sa curiosité, me froissait, me gênait.

— Marc, lui dis-je d'une voix un peu sèche, je vous en prie, ne vous souciez pas des fichiers existants ; trouvez celui qui est absent. Il contient la trajectoire de mon personnage, et je ne crois pas utile que vous lisiez mes pages en ce moment.

Soudain, Marc se leva, marcha vers son portable et fit mine de le ranger dans son étui noir.

La panique revint en moi.

— Vous partez déjà ? Il n'y a rien à faire ? demandai-je.

— Oui, il y a beaucoup à faire, mais puisque vous ne me faites pas confiance, je ne saurais travailler librement. Je dois passer en revue tout le répertoire inscrit sur le disque dur afin de constater si les virus de la machine ne sont pas responsables de vos difficultés. Je ne lis pas ce que je récupère ; je récupère pour comprendre le mécanisme de cet ordinateur censé n'avoir aucun secret pour moi.

Je lui présentai mes excuses et tentai de lui expliquer ce que, de toute évidence, il avait déjà compris.

— Il n'est pas facile pour un propriétaire de regarder un locataire ouvrir ses tiroirs, me dit-il en souriant, revenant à mon ordinateur.

« Je vais lui préparer un café, cela m'occupera », me dis-je en marchant vers ma cuisine. Le regarder jouer dans mon écriture me rendait malade. Quelques instants plus tard, je posai un bol de café près de lui.

Marc était pensif ; il ne parlait pas, ne bougeait pas. Tout à coup, il tira de sa valise une disquette neuve et formatée. Il me regarda gravement.

— Mireille, je vais immédiatement transposer tout votre répertoire dans mon portable, ensuite je ferai des copies de réserve pour vous rassurer. C'est seulement une fois que cette opération sera accomplie que je serai en mesure de savoir si votre fichier est irrémédiablement perdu ou si nous pouvons le sauver.

J'ai poussé un cri.

— Il faut absolument trouver Pascal !

Marc me regarda, déconcerté, mal à l'aise.

— Qui est Pascal ? demanda-t-il rudement.

— Pascal, c'est moi et ce n'est pas moi. Mais sans sa présence sur mon écran, donc dans ma vie, je suis incapable de rédiger ce roman. Je suis certaine, Marc, que je tiens là une histoire intéressante et que, si vous me rendez Pascal, je publierai dans quelques mois mon meilleur roman.

J'avais presque crié cette phrase, tant la pensée que mon ordinateur avait peut-être tué Pascal pour l'ensevelir dans ses entrailles de fer me jetait dans la panique.

Marc se leva, me regarda, prit son café et se dirigea vers la galerie, face à la mer.

— Parlez-moi de votre Pascal, dit-il en ouvrant la porte devant moi.

— Pourquoi en parler si vous ne pouvez pas le retrouver ?

— Je n'ai rien dit de tel, protesta-t-il, mais je suis intéressé par votre personnage et de vous entendre me parler de lui me permettra d'y penser plus positivement. Je suis souvent consulté par des hommes d'affaires, des mathématiciens, rarement par des écrivains. Mais j'ai trop compris le désespoir de certains devant un ordinateur qui subitement ne répond plus pour ne pas sympathiser avec vous. Toutefois, comme je suis plutôt froid devant les erreurs de parcours de mes clients, je ne m'implique pas très longtemps dans leur panique devant un écran vide.

Marc parlait rapidement, comme pour me calmer ou pour s'apaiser lui-même. Je le sentais tendu.

— Alors, assoyons-nous devant la mer, Marc. Jamais je ne suis venue à elle sans trouver de soulagement à mes angoisses, sans lire dans son éternelle mouvance l'histoire que je cherche à raconter.

Nous nous installâmes confortablement, lui et moi. Il était sérieux, silencieux mais attentif.

— Qui est Pascal? me demandez-vous. Une part de moi, une part de Martin, mon conjoint parti pour toujours dans son éternité, et une somme de sentiments contradictoires.

— Décrivez-le-moi, demanda doucement Marc.

— Ma difficulté commence par la perte de ce fichier. Les trois premiers chapitres évoquent la rancœur de ses enfants contre lui. Il a environ cinquante ans et il voyage dans le monde à titre de photographe de beaux et exotiques paysages. Ses albums se vendent à l'étranger tout comme ici, et sa réputation dépasse largement nos frontières.

— Décrivez-le-moi, répéta Marc.

— Non, je ne peux pas, parce que justement le fichier où je le rencontrais, le décrivais, a disparu, et c'est celui-là dont j'ai le plus besoin pour voir Pascal et lui donner un visage, un corps d'homme différent de celui que j'ai aimé dans mon vécu de femme amoureuse.

Soudainement, comme une sotte, je pleurai, sanglotant sans retenue devant cet homme qui me regardait, complètement interdit. La tension accumulée en moi depuis des jours et des jours devait éclater, mais pourquoi, juste ciel, devant cet étranger?

Il se leva, déposa son café sur la balustrade du balcon et dit:

— Je ne suis sûrement pas un bon romancier, car jamais je n'ai ressenti une telle passion pour mes personnages. Je serais mieux avisé de me remettre au fonctionnement de mes ordinateurs et de laisser à d'autres le soin d'écrire.

À son tour, il était triste, désemparé, même découragé. Sa mine basse me prouvait sa tristesse et je ne savais comment le consoler. La passion avec laquelle je lui avais parlé de Pascal lui avait fait probablement réaliser que ses personnages étaient imprécis.

— Ne vous découragez pas, Marc. J'exagère sans doute mon besoin de retrouver Pascal.

Je tentai de le rassurer par ces mots, et en même temps de me rassurer moi-même. Allait-il abandonner sa recherche de mon fichier parce que tout à coup il jugeait sévèrement ses talents de romancier?

Il sortit de la poche de son veston une autre disquette qu'il inséra dans mon ordinateur.

— Voilà la recette de votre tranquillité. Me pardonnerez-vous, Mireille, si je dois demeurer seul afin de me concentrer? Faites-moi confiance, je vous en prie.

Sans protester, je le quittai, refermai doucement la porte de la maison, mis le moteur de ma voiture en marche et me dirigeai vers Saint-Irénée. Je conduisais machinalement, un peu distraitement, mais je connais tellement bien cette route que je la parcourerais les yeux fermés si...

Quelle bizarre aventure étais-je en train de vivre avec ce Marc Patroue! Il me devenait de plus en plus sympathique même si je ne savais plus comment agir avec lui. Devais-je lui offrir des honoraires pour son travail, le laisser retourner à son bureau pour reprendre le mien, même si mon roman était amputé de ses plus importantes pages? J'étais certaine, alors, d'une seule chose: j'aimais le savoir chez moi. C'était la première fois, Martin, qu'un homme séjournait dans notre maison de mer, que tu avais aménagée de sorte que nous pouvions, sans nous déranger, sans nous imposer l'un à l'autre, écrire ensemble ou séparément nos livres. Subitement, je revins à la réalité pour découvrir que j'étais rendue à Cap-à-l'Aigle, ce petit village tranquille blotti devant le fleuve. Un jour, me disais-je, j'y viendrais vivre si je perdais Pascal pour toujours, car je savais dans le plus profond de mon être que je ne pourrais plus écrire dans notre maison des Éboulements après une telle aventure. Peut-être, Martin, étais-tu trop présent à ton absence. Peut-être est-ce toi que je cherchais au-delà de Pascal.

Constatant l'heure, je revins sur ma route pour arriver chez moi vers seize heures. J'entrai ; personne. Je criai : «Marc, Marc, où êtes-vous ?» Un silence lourd, écrasant, fit écho à ma question. Je courus à mon ordinateur.

Il avait disparu avec Marc. Je me laissai tomber sur la chaise devant ma table en deuil de mon outil de travail, et, à la place de celui-ci, je trouvai un billet de Marc.

Je suis parti pour Québec, travailler dans l'immeuble d'IBM. Votre ordinateur est malade, Mireille. Il nous faudra peut-être remplacer le disque dur, qui emprisonne sa mémoire.

Ne vous imaginez pas que je suis parti pour toujours. J'ai des rendez-vous à Québec, je logerai au Château et je vous téléphonerai ce soir. Je reviendrai quand l'ordinateur sera en meilleure santé. Faites-moi confiance, Mireille ; je mets toute ma fierté de technicien à retrouver Pascal. À bientôt !

Marc

Non seulement j'avais perdu mon personnage principal, mais ma maison avait aussi perdu son centre d'intérêt. L'ordinateur prenait autant de place dans mon atelier que dans ma vie. Cette table de travail était, pour ainsi dire, morte. Subitement, je découvris, sur le sofa, le portable de Marc. Oserais-je l'ouvrir? Marc avait transposé tout mon répertoire dans le sien. Si j'allais tout perdre une seconde fois à cause de mon ignorance du fonctionnement de son logiciel? Je l'allumai mais, immédiatement, avec une précipitation tenant d'une hystérie silencieuse, je l'éteignis. Une migraine du diable m'affligea. Je ne savais que faire, comment réagir à son absence.

Je devais attendre calmement le retour et le verdict de Marc. L'ordinateur était-il à tout jamais mort? Me faudrait-il en acheter un autre? Marc tentait-il de forcer la vente des siens? Je ne connaissais, somme toute, presque rien de lui. Je décidai de faxer mon désarroi à Mélissa.

FAX DE MIREILLE DUTOUR
Numéro: 418-701-0101

Marc est parti à Québec pour ses affaires. Il ne retrouve pas le fichier perdu et affirme que mon ordinateur est malade. Dois-je lui faire confiance? Mélissa, ne peux-tu venir ici quelques jours? J'ai peur de me faire jouer par cet homme sympathique, amical, mais encore étranger pour moi.

Je tournais en rond dans la maison. La mer était là, à quelques pas de moi. Pour calmer ma détresse, je décidai d'aller marcher près d'elle. Me rendrait-elle la quiétude ou décuplerait-elle mon inquiétude?

Quand le soleil se retira derrière son rideau à l'heure du crépuscule, la fraîcheur tomba brusquement sur moi. Je rentrai rapidement à la maison, espérant y retrouver Marc. Seul un fax m'attendait. Mélissa m'avait-elle déjà répondu?

Je lus, sans le toucher, le fax suivant:

Numéro: 617-421-4554

Ai trouvé ce numéro de fax sur ton télécopieur dans ton bureau de Boston. Si je réussis à te joindre, dis-moi où tu habites et réponds-moi.

Pascale

Je ne saurai jamais pourquoi je ne me suis pas évanouie. Je tremblais de la tête aux pieds, ne comprenant absolument pas la provenance de ce fax. Étais-je en train de perdre la tête, le cœur, l'âme? Mon imagination avait-elle raison de ma propre raison?

Je maîtrisais mal mon effroi; il se passait quelque chose dans cette maison, dans mon être, dont je ne saisissais absolument pas le sens. Je marchai de long en large dans le salon. Je me rendis sur la galerie pour demander à la mer d'où provenait ce message.

Je me ressaisis enfin. Il s'agissait, oui, j'en étais persuadée, d'une mauvaise et fort triste blague de quelqu'un. Mais de qui? Je me versai deux doigts de cognac, histoire de me calmer, et, au contraire, l'alcool me plongea dans une nouvelle panique. Je remis le bouchon sur la bouteille de cognac pour m'interdire de la vider d'un seul trait tant la nervosité me faisait battre le cœur. N'y tenant plus, je composai le numéro de téléphone de l'auberge de Saint-Irénée où Marc gîtait depuis deux jours. Je demandai à parler à M. Patroue.

— Il est absent, madame, répondit la réceptionniste.

Je l'interrogeai afin de savoir si ses vêtements étaient encore dans sa chambre.

— Oui, madame.

— Je rappellerai demain soir, fis-je.

Je refermai le téléphone soulagée de savoir que Marc ne s'était pas envolé avec mon ordinateur et mes fichiers. Je me sentis un peu coupable d'avoir douté de son honnêteté; il ne m'avait donné aucune raison de mettre en doute sa bonne foi. Je n'étais pas particulièrement fière de moi, mais mon ignorance de la provenance de ce dernier fax me torturait. Je me retins de téléphoner au Château Frontenac de Québec, n'ayant aucunement le droit de forcer son intimité. Marc avait peut-être retrouvé une femme venue le rencontrer dans la capitale. Pour quelle raison allais-je tout à coup m'immiscer dans sa vie personnelle? Je perdrais sûrement son amitié à force de la mettre en doute. Mon désir d'être polie envers lui qui se dérangeait pour moi ne me rendait pas mon calme. «Marc, où êtes-vous et qui est cette Pascale?», avais-je envie de crier.

J'étais incapable de dormir. À peine couchée, je me relevai, m'habillai de nouveau mais plus chaudement, pour aller une autre fois promener mon angoisse devant la mer, ou plutôt pour la jeter dans l'océan afin de retrouver un peu de sérénité.

Y suis-je parvenue?

Non.

Après deux heures de marche sous une lune que seul Charlevoix nous montre, je rentrai chez moi fatiguée, lasse, impatientée par un message dont j'étais toujours incapable de déchiffrer la signification.

Dire que j'avais cru retrouver la paix de l'âme et de l'esprit dans la littérature après ton décès, Martin. Quand nous écrivions côte à côte, certes nous nous querellions sur la grammaire, la syntaxe, le style, mais nos deux existences se touchaient, comme nos corps se retrouvaient dans la nuit. Jamais tu ne permis des lits jumeaux. «Nos corps le sont, me disais-tu en riant; alors, pourquoi les séparer dans l'amour?» Je ne te contredisais pas puisque dormir contre toi, avec toi, confirmait mon bonheur. Lorsque je me suis retrouvée seule pour affronter les nuits, le désir de ton corps me rendait folle, je cherchais ton odeur dans notre lit. Je ne trouvais que le vide de toi. Le matelas avait fléchi sous notre poids car nous dormions serrés l'un contre l'autre au mitan du «*Queen size*» qui fut vingt ans durant notre radeau d'amour. Quand je m'y retrouvai seule, je me pelotonnais dans notre creux afin de prolonger l'illusion que tu étais là, à deux bras de moi, pour notre passionnée traversée d'amour. Oui, Martin, je cherchais Pascal pour te retrouver en lui...

Je me suis endurcie contre ton absence pour continuer de vivre sans ta présence. J'ai voulu mourir plus d'une fois. Lorsque j'étais désespérée devant la mer, le rêve de marcher dans ses vagues me tenaillait; je n'arrivais pas à le transformer en cauchemar, puisque, dans les années qui suivirent ta mort, j'étais moi aussi dans un état de mort intellectuelle. Tous me fuyaient. Nous avions eu tort, mon amour, de nous refuser des enfants. Nous avons été avares d'amour envers les autres et jaloux de notre bonheur de vivre l'un pour l'autre sans devoir partager notre affection avec des enfants. «Je ne veux penser à personne d'autre qu'à toi», disais-tu, répondant ainsi à ma propre décision de me donner tout entière à toi seulement. Oui, nous avons eu tort de ne pas comprendre un seul instant que la mort n'allait pas nous prendre ensemble à un jour fixé par un hasard qui se nomme aussi destin. L'un de nous allait survivre à l'autre. Ce fut moi, et j'en ai souffert immensément depuis ce matin fatidique où un camion passa littéralement sur ton merveilleux corps que j'avais tant de fois caressé, aimé, bercé lorsque le sommeil ne nous enveloppait pas quelques heures après nos grands ébats passionnés. À ce moment-là, notre travail nous tenait éveillés. «Je n'arrive pas à terminer le chapitre dix», murmurais-tu alors que je te racontais mes difficultés à ancrer mes personnages dans le temps fictif. Notre vie fut sans histoire, ou, plutôt, elle ne fut que notre histoire. Nos œuvres se vendaient assez bien pour nous permettre de vivre modestement, sans la nécessité de gagner autrement notre pitance quotidienne. Nous étions devenus, au fil des années, un couple célèbre, non parce que nous étions des génies, mais parce que rares sont les écrivains québécois pouvant vivre de leur plume... Nous étions des privilégiés... Mais nous en rendions-nous compte? Pas plus, je crois, que nous ne devinions ce qui arriverait à l'un de nous s'il se trouvait soudainement amputé de l'autre. Sans famille et sans enfants, nous étions égoïstement heureux; oui, nous avions des amis, mais, entre notre écriture et nos loisirs, les heures d'inactivité étaient rarissimes. Je n'ai jamais connu, depuis le jour de notre mariage civil, un moment d'ennui. Tu me disais la même chose, et nous avions confiance en notre histoire, celle que nous vivions, non celle que nous écrivions chacun de notre côté dans la même maison, selon un horaire fixe. Car, et je l'avais appris de toi, l'inspiration n'existe pas. «Sans une discipline de fer qui nous soudera à nos tables de travail quatre ou cinq heures par jour, nous ne pourrons nous offrir des distractions folles et enchanteresses le reste du temps», affirmais-tu. Mais ce «reste du temps» nous appartenait. Rares cependant furent les occasions de recevoir nos amis. Je dressais, pour nos dîners en tête-à-tête, une table agréable, belle, tendre, et tu cuisinais des plats simples mais succulents. Tu avais une autre passion dont je me disais jalouse pour te taquiner: il te fallait constamment enrichir ta cave à vins. Et, le soir, nous buvions une bonne bouteille, mais jamais pour le déjeuner, que nous prenions souvent l'un sans l'autre, parce que la faim d'écrire était plus exigeante que l'autre.

Et puis, un jour, il y eut sur notre table un seul couvert, le mien. J'ai mis plus de six mois à comprendre que cuire un repas pour une seule personne, ce n'est pas nécessairement le mal préparer et le manger sur un coin de table. Je revins à nos bonnes habitudes d'un repas bien apprêté, mais, du coup, j'en perdis l'appétit. Mélissa, qui me surveillait sans que je m'en rende compte, me conduisit chez un médecin ami, qui diagnostiqua un *burn-out.* Parce que, pour ne pas m'entendre pleurer, je bûchais comme une folle sur le clavier de mon ordinateur, puis je quittais la maison pour errer des heures durant. J'étourdissais mon chagrin. Lorsque, le soir, je relisais les pages imprimées, je les savais anémiques, sans poésie, sans éclat, mornes et aussi ternes que moi. Mais je m'accrochais à cette discipline que tu m'avais enseignée, pour ne pas vider tes bouteilles les unes après les autres, pour ne pas me jeter sous un camion à mon tour. Le chagrin n'est-il pas une mort avant terme? Je ne vivais plus, Martin. Je te survivais.

MARC

« J'ai enfin réussi à quitter Québec pour retrouver Mireille. Les employés d'IBM ont beaucoup travaillé pour récupérer son fichier; ils ont réussi à retrouver une page. Je refuse de lui dire que cette récupération est définitive, car je ne veux pas la quitter aussi rapidement. Nous avons encore des choses à apprendre l'un sur l'autre. Je n'ai pas encore révélé à Mireille que je n'étais pas un technicien de notre compagnie, mais son directeur général. À Boston, il y a eu dix ans d'apprentissage, d'abord pour apprendre l'américain, puis pour gravir les échelons de la compagnie et me retrouver aujourd'hui à la tête de notre succursale bostonienne. Elle ne connaît rien non plus de ma vie personnelle, comme j'ignore tout de la sienne. Je me sens attiré par cette femme comme jamais je ne le fus auparavant par quiconque. Si Mireille consentait à se départir de sa froideur vis-à-vis de moi, je pourrais l'aimer, je crois. Nous avons tous deux pris des risques énormes; j'avais lu deux ou trois de ses romans, mais quand je suis arrivé à Québec, il s'en est fallu de peu que je reprenne l'avion pour Boston. À quel bizarre réflexe avais-je obéi pour envoyer un fax en terre inconnue ? Je ne suis pas émotif ni impulsif. « *You are not a real Frenchman* », me disent les Américains. Ils me trouvent un peu distant, guère démonstratif. Mireille ne l'est pas non plus, sans doute parce qu'elle se tient sur ses gardes. Je n'ose pas l'interroger sur son passé, elle non plus sur le mien. Est-elle curieuse de moi ? Cherche-t-elle à me mieux connaître ? Nous sommes tous deux à ce point préoccupés par son foutu ordinateur que j'oublie la femme qu'elle est pour seconder l'écrivain dont je suis à même de flairer le désarroi. A-t-elle repéré l'écrivain frustré que je suis, partagé entre ma langue et ma culture d'origine et le dynamisme littéraire et artistique de mon pays d'adoption ? Rien ne m'attire désormais en France.

« Je reviens cependant chez elle, décidé à me faire connaître, à lui dire qui je suis et à l'interroger, mais sans brusquerie, sur sa vie personnelle. Oui, je suis attiré par Mireille, et il me faut découvrir si elle partage mes sentiments... Elle ne doit tout de même pas écrire vingt-quatre heures par jour, douze mois par année. Depuis que j'ai osé entrer chez elle, le téléphone ne sonne jamais. Mireille n'est plus très jeune, mais comme elle est belle, séduisante ! Il se dégage d'elle une douceur qui respire une douleur cachée. Sa passion pour son personnage m'est difficile à comprendre. Elle y met une fébrilité qui rendait fort difficiles mes recherches sur son ordinateur. Je n'arrivais pas à me concentrer sur les commandes tant je subissais, malgré moi, ses tensions personnelles. Si son personnage principal a disparu de la mémoire électronique dans lequel elle l'avait profilé, finira-t-elle son roman ? »

EUX

Perdu dans ses réflexions, Marc conduisait sa voiture machinalement, sans prendre le temps d'admirer le paysage. Lui qui pourtant était un passionné de la mer, il la frôlait de la route entre Baie-Saint-Paul et Les Éboulements sans la regarder, sans l'écouter. Il était à son tour prisonnier de l'ordinateur de Mireille, aux prises avec une angoisse dont il ne parvenait pas à se délivrer. L'esprit accaparé par ses doutes et ses incertitudes, il passa tout droit devant le sentier menant à la maison de Mireille. Une fois rendu à son auberge, sise à quelques kilomètres des Éboulements, il freina brusquement. Il se rendit rapidement compte que c'était instinctivement qu'il ne s'était pas arrêté chez Mireille. «Il vaut mieux lui téléphoner», se dit-il en se dirigeant vers sa chambre.

— Mme Dutour a téléphoné hier soir pour vous. Elle semblait inquiète.

— Merci, dit-il à l'aubergiste en se hâtant de grimper l'escalier.

Il signala aussitôt le numéro de Mireille.

— Bonjour, Mireille, j'arrive à l'instant. Oui, un bon séjour, merci... J'aimerais mieux que nous parlions de tout cela de vive voix... J'arrive, le temps de changer de vêtements, et je vous invite à dîner... Oui, Mireille, oui, cela me ferait tant plaisir... À tout de suite.

Marc se hâta de se rafraîchir, endossa une tenue d'été, et, une heure plus tard, il entrait chez Mireille.

Celle-ci l'accueillit avec un sourire; elle marcha lentement vers lui et, instinctivement, Marc la prit dans ses bras. Mireille se coula contre lui, mais, rapidement et d'un commun accord, ils se dégagèrent l'un de l'autre.

— Dois-je m'excuser de mon geste? lui demanda-t-il avec une certaine gêne.

— Dois-je m'excuser de ne pas vous avoir repoussé? répondit-elle doucement.

Ils se regardèrent un moment, légèrement embarrassés par leur spontanéité, mais visiblement heureux de se retrouver. Marc se dirigea vers la galerie.

— Dieu! que la mer est belle! Je l'avais oublié, dans le fracas de la ville bruissante de touristes et de musiciens.

— Et notre travail? demanda Mireille avec une légère impatience dans la voix.

— Mireille, laissez-moi respirer un peu et savourer mon bonheur de vous retrouver enfin.

— La maison était vide sans vous, avoua-t-elle doucement.

— Nous nous connaissons trop peu, murmura Marc en la regardant. Si nous essayions, ce soir, de nous comprendre un peu mieux ?

— Si vous me parliez de Pascal ? rétorqua-t-elle. J'ai des choses incroyables à vous dire.

— Pas tout de suite, reprit-il, pas tout de suite.

— Au moins, expliquez-moi ce fax, fit-elle en lui indiquant une feuille de papier posée sur la table. Depuis des heures, je le lis et le relis dans une panique totale. Marc, qui est cette Pascale ?

Marc prit le fax, le parcourut, l'écrasa dans sa main et le lança dans l'âtre de la cheminée.

— Ce n'est pas votre Pascal, lui répondit-il en lui tournant le dos. C'est, hélas, la mienne. Mireille, il s'agit de mon ex-femme qui me poursuit depuis trois semaines...

— Et lorsque vous me demandiez de vous dire qui était mon Pascal, vous ne disiez rien de la vôtre !

— Nous n'en étions pas à nous raconter nos existences personnelles, Mireille, riposta-t-il. Qu'il y ait ressemblance entre le nom de votre héros et celui de mon ex-épouse ne concernait en rien les raisons de ma présence ici.

— Avouez, rétorqua brutalement Mireille, que cette coïncidence est étonnante, et, pour moi, bouleversante.

— Pour moi aussi, elle le fut, lorsque vous m'avez révélé le nom de votre personnage...

— Et où est mon Pascal, Marc ? Vous me devez la vérité.

Il se leva brusquement et sortit de la maison. Saisie, Mireille voulut le suivre, mais elle ne bougea pas. Elle entendit une porte de voiture claquer, puis Marc revint avec son ordinateur. Il l'installa sur la table de travail et l'alluma, pour rappeler le fichier perdu.

— Vous avez trouvé Pascal ? Oh ! Marc, Marc, merci... !

— Ne vous réjouissez pas trop vite, dit-il rapidement.

Le texte tout à coup emplit l'écran. Mais, après la première page, le doigt de Marc sur la touche fléchée faisant se dérouler le texte vers le haut ne rappelait rien. Seul le vide coulait sur l'écran...

— Mais où est la suite ? jeta Mireille, soudainement affolée.

Elle prit place à sa table. Marc ferma brusquement l'ordinateur. Il se pencha vers elle et la força à se relever. Il lui donna la main et lui dit, avec une douceur que Mireille ne lui connaissait pas :

— Nous avons retrouvé votre fichier, mais il nous est impossible de le rappeler dans son entier. Seule la première page a été sauvegardée. Un virus, eh oui, Mireille, un virus a rongé le reste de votre chapitre. J'ai demandé à nos techniciens de réparer votre ordinateur. Votre appareil est pour ainsi dire neuf.

— Alors, tout est perdu, pleura presque Mireille.

— Non, non! Je ne retourne pas à Boston avant que vous n'ayez terminé ce chapitre, et terminé également votre livre. Peut-être serai-je en mesure de vous rafraîchir la mémoire. Je me sens coupable de votre détresse. Je suis responsable de votre panique actuelle.

Mireille le regarda en esquissant un sourire.

— Et vos affaires?

— Mireille, je ne suis pas un employé d'IBM, mais le directeur général de notre succursale de Boston. Après celle de Washington, c'est la plus importante des États-Unis. De Québec, j'ai parlé à mon bureau. Donc, je suis libre d'agir à ma guise pour quelques semaines. Si vous m'acceptez près de vous, je reste ici pour de longs jours... Mireille, ne vous laissez pas envahir par la tristesse. La mer est rose, regardez là-bas, la lune se lève. Allons dîner, où vous voudrez. Nous nous parlerons enfin, et ensuite, Mireille, nous irons sur la plage pour cueillir des étoiles...

Mireille le suivit dans la voiture et ils partirent à la recherche d'eux-mêmes sur la route longeant la mer...

* * *

Marc conduisait lentement. D'abord pour laisser à Mireille le temps de se remettre de la perte de son personnage et de son fichier, et ensuite parce que lui aussi cherchait ses mots. Le paysage admirable leur imposait non pas le silence, mais au moins une retenue dont ni l'un ni l'autre ne savait comment se départir.

— Vous pensez à quoi, Mireille ? osa enfin demander Marc.

— À Martin, répondit-elle à voix basse.

— Vous l'avez aimé ?

— Oui, passionnément, durant vingt ans.

— De quoi est-il mort ?

— D'un stupide accident. Alors qu'il traversait la rue pour prendre sa voiture, un camion a dérapé sur la neige et il a littéralement écrasé Martin sous ses énormes roues. Nous étions heureux dix minutes avant cette tragédie ; quinze minutes plus tard, j'entrais dans la souffrance. Je ne suis pas certaine d'en être sortie. Depuis la mort de Martin, je plonge dans l'écriture pour oublier, mais plus j'écris, plus je me languis de lui.

Marc ne parlait pas. Écoutait-il Mireille ? Il n'en était pas certain, perdu à son tour dans ses souvenirs. Il se rappelait ses deux premières années avec Pascale, cette jeune Française folle de chagrin à l'idée qu'il devait partir pour Boston. « Ne me quitte pas », avait-elle dit en pleurant le jour où il lui avait confié l'imminence de son départ. Il lui avait alors demandé de l'épouser. Pascale avait accepté et, une semaine plus tard, un juge de paix avait légalisé leur union. Ils avaient vécu ensemble auparavant pendant deux ans et ils se connaissaient donc assez pour imaginer un bonheur à l'américaine... Quelque temps après leur installation à Boston, Marc s'était rendu compte que Pascale était plus soucieuse du tumulte culturel et artistique de cette ville que de le seconder dans son apprentissage de l'anglais et dans sa vie professionnelle. « Ton milieu m'emmerde », lui criait-elle lorsque Marc lui reprochait de refuser de sortir avec lui, de dîner dans les restaurants avec ses compagnons de bureau. « Viens au théâtre avec moi, viens dans les musées, viens voir des films, pour apprendre l'autre visage de cette ville merveilleuse. Travailler ici consiste pour toi à répéter ce que tu faisais en France. Profite au moins de notre nouvelle existence. Ici, Marc, ça bouge, ça crée, ça éclate. Pourquoi veux-tu que je perde mon temps à faire ce que de toute façon je ne faisais pas à Bordeaux ? », lui répétait-elle.

— Avez-vous été heureux avec votre Pascale ? demanda tout à coup Mireille.

Marc sursauta. Il revint à la réalité et, tournant légèrement la tête vers elle, il répondit :

— Avant notre mariage, oui, comme un amant comblé qui savait aussi combler l'autre. À Boston, Pascale a découvert l'Amérique, sa musique, ses chanteurs, son théâtre, sa télé, et elle s'est coupée de ma vie. Mes activités dans le monde des affaires ne l'intéressaient pas plus à Boston qu'à Bordeaux. Mais, en France, Pascale avait ses amies, son métier ; donc, elle travaillait.

— Que faisait-elle ?

— Attachée de presse pour une maison d'édition.

— Les livres français n'ont guère de preneurs à Boston. Je comprends son besoin de culture américaine.

— Si elle l'avait voulu, fit alors Marc durement, elle aurait pu, comme ses employeurs le lui avaient proposé, devenir leur agent à Boston. Deux ans plus tard, elle m'a quitté. Nous avons divorcé, et depuis je n'avais eu aucune nouvelle d'elle.

— Et il n'y a aucune autre femme dans votre vie ? Oh ! s'exclama Mireille, confuse, je vous demande pardon. Je suis maladroite et surtout indiscrète.

Marc stoppa alors la voiture et, se tournant vers Mireille, lui dit :

— Nous avions convenu, avant notre départ de votre maison, de nous mieux connaître. J'ai autant envie de vous parler de moi que de vous entendre me raconter votre passé. Curieusement, Mireille, mon travail sur votre ordinateur nous a rapprochés et a créé une intimité entre nous deux. J'ai été obligé, un peu malgré moi, de lire le début de votre roman pour comprendre ce qui ne fonctionnait plus sur la disquette. J'ai adoré ce que j'ai lu. Donc, je vous connais un tout petit peu, mais pas assez, et vous ne me connaissez pas du tout. Mais peut-être ne tenez-vous pas à mieux comprendre ce bizarre Marc Patroue que je suis devenu ?

Il remit sa voiture en marche et demanda :

— Où allons-nous ? J'ai faim.

— Nous sommes à cinq minutes de La Malbaie. Je connais une excellente auberge à Pointe-au-Pic. Comme nous sommes au milieu de la semaine, il n'y aura pas trop de touristes et nous serons donc à l'aise pour nous parler.

Quinze minutes plus tard, ils étaient assis à une terrasse surplombant la mer. Marc commanda une bouteille de champagne.

— Nous célébrons? demanda Mireille avec une douloureuse ironie.

— Non, répondit-il. Nous essayons de nous inventer un peu de joie loin de nos ordinateurs, donc de votre tristesse et, par ricochet, de la mienne.

— Vous êtes triste? demanda Mireille en avalant son pétillant.

— Non, pas vraiment. Je déteste revenir sur mon passé. Je n'ai pas éprouvé de souffrance lors du départ de Pascale. Je ne l'aimais pas assez profondément pour la regretter. Je regrette cependant de n'avoir pas su la remplacer autrement que par des liaisons de passage. Mon travail mange tout mon temps, et c'est la toute première fois que je l'abandonne pour plus de dix jours. Alors, je bois méchamment à vos difficultés puisqu'elles pansent les miennes.

— Vous n'êtes pas méchant, mais légèrement égoïste sur les bords, lança alors Mireille en riant, elle aussi tout à coup libérée de l'absence de Pascal dans sa vie.

À la fin de l'excellent repas, ils en savaient alors un peu plus sur leurs vies respectives, mais ils ne se connaissaient guère mieux. «Seul le temps, pensait Mireille, nous éclairera sur nos émotions et nos réactions. Je suis heureuse de le savoir libre et il me donne l'impression d'être étonné par l'absence d'homme dans ma vie.»

— Mais pourquoi ? lui avait demandé Marc. Vous êtes belle, séduisante.

— À cinquante ans, une femme belle et séduisante, comme vous le dites si gentiment, n'attire pas forcément les hommes. Certes, ils sont aimables, galants avec moi, mais si une jeune femme vient prendre place à mes côtés, ma tardive jeunesse fiche le camp rapidement. Alors, je me barde pour ne pas être humiliée.

— Les hommes sont des cons, gronda Marc.

— Certaines femmes ne méritent guère d'estime, Marc.

— Vous pensez à Pascale ?

— Je ne me permettrais sûrement pas de la juger.

— Mais moi, je ne me refuse pas ce mesquin plaisir. Nous avions été heureux ensemble, mais, à Boston, j'ai rapidement compris que notre amour était superficiel. En fait, Mireille, autant vous l'avouer : Pascale m'a plaqué pour un jeune Américain qui l'a probablement virée quelques mois plus tard. Je m'en suis mal remis. Depuis Pascale, je n'arrive pas à aimer.

Mireille le regarda sérieusement.

— Depuis Martin, dit-elle doucement, je n'arrive pas à ne plus aimer qui n'existe plus.

— Refuserez-vous l'amour si un jour il se présente à vous ? osa-t-il lui demander.

— Je l'ignore, car, depuis la mort de Martin, j'ai d'autres préoccupations, comme écrire des romans, soupira-t-elle.

— Mireille, nous avons une belle soirée devant nous. Laissons nos Pascal dans le placard aux souvenirs. Je désire vraiment connaître la femme que vous êtes, non simplement la veuve meurtrie par son passé. Le mien n'est pas à ce point douloureux. Il est surtout humilié.

Ils quittèrent l'auberge des Vagues, reprirent place dans la voiture de Marc, et Mireille lui dit :

— Marc, il est vingt heures. La nuit est féerique. Charlevoix, ici ou ailleurs dans la région, éclate en couleurs le jour et en pluie d'étoiles la nuit. Allons vers Saint-Fidèle, quelques kilomètres plus loin. La route serpente le long de la rive, et même si nous ne verrons pas la mer dans toute sa splendeur, le ciel éclairera notre route.

Marc la regarda en souriant et répondit, en mettant son moteur en marche :

— Et votre sourire éclairera ma réalité.

* * *

Deux jours plus tard, Mireille apprit par un coup de fil de Marc qu'il était rappelé d'urgence à Boston.

— Un meeting important, lui dit-il.

— Avec Pascale ? jeta Mireille amèrement.

Après un silence, Marc continua assez froidement :

— Non. Avec la direction de nos succursales américaines. Je devrai me rendre à New York pour deux jours et je serai de retour dans une semaine.

— Rien ne vous presse, dit Mireille, à son tour plutôt froide.

— Mireille, reprit Marc, je vais revenir avec ma voiture, des vêtements appropriés, quelques livres, et j'ai un service à vous demander.

— Lequel ? fit Mireille doucement.

— Je désire séjourner ici quelques semaines dès mon retour, mais pas dans une auberge. Il doit sûrement exister un agent immobilier dans la région...

— Vous désirez acheter une maison? demanda Mireille avec joie.

— D'abord louer, pour savoir si je serai heureux pas trop loin de votre chalet, et l'an prochain, si je reviens, alors oui, Mireille, oui, j'achèterai une maison près de la mer.

— Je connais en effet un agent immobilier, et je crois savoir qu'entre Saint-Irénée et Pointe-au-Pic des maisons sont disponibles.

— Merci, Mireille. Je suis moins triste de vous quitter en sachant que vous serez forcée de penser à moi. Vous trouverez ma carte d'affaires dans la pochette de mon portable. Téléphonez à mon bureau ; ma secrétaire saura où me joindre. Prenez un crayon, Mireille, et notez le numéro de mon cellulaire : 1-617-768-7942. Mireille, je suis heureux de vous connaître, et surtout comblé par le fait que nous nous sommes mieux compris depuis notre belle soirée d'avant-hier. Ne m'oubliez pas et soyez à l'aise pour écrire avec votre ordinateur ; il fonctionne à merveille. À bientôt !

Mireille demeura immobile. Le silence tout à coup la terrassa. Plus de Martin, plus de Pascal, et maintenant, se disait-elle avec tristesse, plus de Marc pour quelques jours. Machinalement, elle se dirigea vers sa table de travail, mais elle fut incapable d'y prendre place. «Serai-je assez forte pour revenir à mon écriture quotidienne?», se demanda-t-elle. Elle décida de quitter la maison pour se rendre chez son agent immobilier. Martin lui avait confié, jadis, le soin de leur dénicher une maison devant la mer.

Tout en filant vers Baie-Saint-Paul, Mireille réfléchissait à sa joie de pressentir que Marc s'installerait dans Charlevoix et elle osait enfin regarder en face ses sentiments à son égard. «J'avais fermé mon cœur et mon être à l'amour depuis la mort de Martin, songeait-elle. J'habitais ma solitude et refusais de penser à l'avenir. Je vivais au jour le jour, me contentant de publier mes livres et de m'améliorer selon la critique et les réactions de mes amis. L'absence de Martin, de ses conseils tendres lorsqu'il lisait mon manuscrit, me faisait tellement souffrir que j'en étais arrivée à vouloir le chasser de mon esprit. Marc, sans me demander mon avis, l'a habité. Le voici maintenant, non pas installé dans mon quotidien, mais dans mon travail, à cause de cet ordinateur. Depuis cinq ans, je pensais en fonction du passé; désormais, je réagis selon les événements d'aujourd'hui et je m'autorise, à cause de Marc et de ma joie de le connaître, à penser à demain. Tout cela est nouveau pour moi, mais étonnamment heureux. J'avais renoncé au bonheur, Martin, après que tu fus entré dans ton jardin de silence; je commence à lui prêter un visage, je réalise que l'absence de Marc pour quelques jours m'attriste. La facilité avec laquelle je me suis laissé envahir par une joie inconnue, oubliée, devant la certitude qu'il s'installerait ici, me rassure. Martin, ne m'en veux pas. Personne ne prendra jamais ta place dans la mémoire de mon cœur. Tu étais présent dans la mémoire de mon ordinateur, car Pascal te prolongeait dans ma pensée à travers mon écriture. Ton visage me souriait derrière le sien. Quand il a disparu de mon ordinateur, une part de toi s'est enfuie avec lui. »

Cinq jours plus tard, Mireille téléphona à Boston pour annoncer à Marc qu'une maison l'attendait entre Les Éboulements et Saint-Irénée.

— Voulez-vous que je signe le bail en votre nom ? demanda-t-elle en ajoutant que, lorsqu'elle saurait le jour de son arrivée, elle s'occuperait de garnir le réfrigérateur et l'armoire aux provisions.

— Je serai à Québec dans deux jours, répondit joyeusement Marc, et près de vous, sinon chez vous, le lendemain. Merci, Mireille, de ce que vous me proposez. J'accepte votre générosité et je vous réglerai tout cela dès mon retour. À bientôt, et merci, Mireille, merci. Je n'ai pas été aussi heureux depuis des années, ajouta-t-il d'une voix émue.

— Moi aussi, Marc, je suis ravie que vous vous installiez dans Charlevoix ; il est facile d'y être heureux même quand il pleut, affirma-t-elle avant de raccrocher.

Tôt le lendemain matin, elle se rendit visiter une ravissante maison bleu et blanc, pour laquelle elle signerait le contrat de location en l'absence de Marc. Dès qu'elle engagea sa voiture dans la route qui descendait à la mer devant L'Anse-au-Sac, elle ressentit une grande douceur. Sous ses yeux émerveillés, la mer s'étendait à perte de vue, des mouettes dansaient dans le ciel aussi bleu que la maison, et quelques voiliers voguaient doucement dans le vent. «Je pourrais écrire dans ce coin et dans ce chalet, se dit-elle en stoppant devant la porte de la future maison de Marc. Il lui faudra la baptiser, car, dans Charlevoix, la plupart des résidences portent des noms évocateurs de leur charme, de leur solitude devant le fleuve, cette mémoire de l'histoire. Marc sera heureux ici, j'en suis certaine. Pourvu qu'il ne se claquemure pas dans la beauté des lieux et ne s'invente pas des raisons pour rarement me visiter.» Constatant que la vaisselle était laide, que les casseroles étaient égratignées, les verres ébréchés, elle décida de se rendre à Québec pour acheter des accessoires plus convenables. «Je lui dois cela en reconnaissance de ce qu'il fait pour moi», se dit-elle.

Vers quinze heures, elle gara sa voiture dans un parc de stationnement public et elle se rendit à sa librairie préférée, pour rajeunir sa bibliothèque. Tout à coup, elle s'immobilisa, le souffle coupé. Une photo de Marc était affichée sur un mur derrière une pile de livres qui cependant ne portaient pas son nom. Elle en prit un, l'ouvrit, en lut quelques lignes, puis, se dirigeant vers le caissier, elle demanda:

— Est-ce la photo de l'auteur de ce roman, là-bas sur le mur à gauche?

— Oui. Marcel Poutrain est l'auteur de romans policiers extrêmement populaires, lui répondit-il. Celui-ci est son plus récent; il est arrivé hier de France.

Mireille l'acheta, puis retourna à sa voiture, complètement désarçonnée. «Je savais que Marc écrivait, mais j'ignorais son nom de plume. Pourquoi se cache-t-il sous un pseudonyme pour écrire?»

Mireille était étonnée, inquiète et vaguement courroucée par le mutisme de Marc sur son métier d'écrivain. Elle retourna aussitôt aux Éboulements, oubliant d'acheter la vaisselle et les casseroles qu'elle désirait lui offrir.

«Décidément, je ne suis pas au bout de mes surprises», se répétait-elle en entrant chez elle.

Un fax l'attendait.

Numéro: 24.35.22.33

Je suis à Paris. Ton éditeur te cherche. Moi aussi. J'en ai ras le bol de ne pas savoir où tu habites. De quoi as-tu peur?

Pascale

«Ce fax présage un orage entre Marc et elle... Que se passe-t-il?», se demanda-t-elle avec inquiétude.

Lorsque Marc revint de Boston, il se rendit directement chez Mireille afin qu'elle le dirige vers sa nouvelle maison. Sa voiture était chargée de livres, dictionnaires, cassettes, valises, etc. En entrant chez elle, il découvrit l'exemplaire de son roman, posé en évidence sur la table à café du salon.

— Bon, dit-il mine de rien, enfin mon éditeur le distribue.

— Et qui est ce Marcel Poutrain qui vous ressemble comme un frère jumeau ? demanda Mireille.

— Mireille, supplia-t-il, menez-moi à ma nouvelle résidence, et ce soir je reviendrai dîner avec vous si vous m'invitez. Je vous raconterai alors la bizarre trajectoire d'un homme qui a ignoré son identité pendant près de quarante ans...

* * *

Marc suivait la voiture de Mireille et, dès qu'elle tourna vers un sentier qui descendait à la mer, il ralentit, ébloui par le paysage qui s'offrait à ses yeux. Mireille lui indiqua de la main une petite maison qui semblait avoir poussé à même la falaise. Elle sortit de sa voiture, lui remit sa clé, et, avant de repartir, elle lui dit :

— À ce soir, Marc, et venez vite ! J'ai hâte de vraiment vous connaître. Un fax de votre Pascale est arrivé hier pour vous ; je vous le remettrai ce soir. À tout à l'heure !

Marc, encore sous le coup de la surprise d'avoir trouvé un exemplaire de son dernier roman chez Mireille, visita la maison machinalement, malheureux de devoir replonger dans sa vie personnelle pour satisfaire la légitime curiosité de la romancière. Il bougea quelques meubles pour les placer devant la baie vitrée, rangea ses vêtements, ses livres, sa radio, ses cassettes. Il endossa un jean et une marinière, puis décida de retourner chez Mireille. «Comment trouver les mots justes pour raconter une histoire si fausse?», se demanda-t-il en roulant vers Les Éboulements.

Il découvrit Mireille assise sur la galerie, en train de lire son livre.

— Vous êtes un excellent romancier, Marc, dit-elle en se levant pour l'accueillir. Cette histoire est aussi passionnante que la vôtre doit l'être...

— Je suis fatigué, dit-il. La route a été longue. Boston n'est pas à dix minutes de votre maison. Et, en passant, laissez-moi vous dire combien la mienne me plaît. Je pourrai y travailler et surtout vous cuire de bons repas...

— Car en plus vous êtes cuisinier...! Quand finirai-je de vous découvrir, Marc? demanda-t-elle.

— S'il vous plaît, servez-moi un whisky *on the rocks*, fit-il, et je vous dirai tout.

Mireille marcha vers une table chargée de bouteilles de vin et d'eau-de-vie. Elle lui versa une solide rasade de scotch sur glaçons et emplit pour elle un verre de muscadet. Elle revint vers lui et le supplia:

— Je vous écoute. Dites-moi enfin qui est Marcel Poutrain.

— Poutrain est le nom du père que je n'ai jamais connu; Patroue, celui de ma mère. Mon passé est bizarre, Mireille, et il m'est difficile de le réveiller. Mais si je veux établir une relation droite et franche avec vous, je vous dois ma vérité. Elle n'est pas très belle, je vous en préviens.

Il se leva, fit face à la mer, avala la moitié de son alcool et dit, la voix étouffée:

— Ma mère est morte il y a dix ans. Elle m'a laissé en héritage mon vrai nom et son passé. Elle fut une mère admirable, faisant des travaux ménagers ici et là pour assurer mon éducation. Grâce à elle, j'ai étudié dans de bons collèges. Je lui dois tout ce que je suis. Quand elle est morte, terrassée par une crise cardiaque, j'ai trouvé une lettre dans laquelle elle me confiait son triste secret. Elle m'y révélait que j'étais le fils naturel du père Marcel Poutrain, aumônier d'un régiment de l'armée française. Il est mort au tout début de la guerre de 1939, sans même savoir que ma mère était enceinte. Elle lui avait caché son état. Vous comprenez, Mireille. Je suis le fils d'un prêtre... Ma mère m'a élevé seule. Tout a été si difficile pour elle. C'était à une époque où les mères célibataires n'étaient pas très respectées. Vous vous imaginez ce qu'on aurait dit d'elle si on avait su que par surcroît elle avait été l'amante d'un homme de Dieu. Le mot «bâtard» m'a poursuivi durant toute mon enfance. Jamais ma mère ne s'est plainte. Elle me disait souvent: «Je t'ai élevé seule, mais je t'ai aimé pour deux». Jamais non plus, je ne l'ai entendue critiquer l'Église ou ses représentants. Dans sa lettre, elle m'assurait qu'elle ne regrettait pas l'amour qu'elle avait connu avec mon père, et elle écrivait qu'elle n'en avait jamais eu honte.

Marc se tut et regarda Mireille, visiblement émue et ne sachant que dire à son ami.

— Alors, dit-il, que pensez-vous de tout cela?

— J'ai une grande admiration pour votre mère, Marc, répondit-elle avec affection.

Marc alla se verser un second verre.

— Ne parlons plus de cela, Mireille. Je ne veux juger ni ma mère ni ce prêtre qui fut mon père. Mais, à vous révéler mon passé, je me rends compte qu'il me fait encore mal...

— Si votre passé vous blesse, Marc, occuponsnous de nos lendemains.

Elle marcha jusqu'à sa table de travail et lui remit le fax de Pascale. Marc le parcourut et dit:

— Pascale est demeurée mon agent littéraire après notre séparation; mais je n'ai jamais vraiment eu besoin de ses services. Mon éditeur m'a pris en charge et mes romans se vendent fort bien. Je ne suis pas un grand auteur, Mireille; je n'aspire pas à gagner le prix Nobel de littérature...

— Moi non plus, fit-elle en riant. Mais venez dîner; je vous ai préparé une tourtière du Lac-Saint-Jean. Elles sont encore meilleures que vos chères quiches...

Et ils passèrent à table.

* * *

Ce fut à son tour d'être inquiet.

Ce matin-là, Marc apprit par un coup de fil de Mireille que celle-ci partait pour Montréal une heure plus tard.

— Mon éditeur m'a priée de venir à son bureau pour rencontrer un cinéaste qui souhaite tourner un film avec mon dernier roman. Je suis folle de joie ! Voir ses personnages en chair et en os après les avoir créés avec des mots doit être enivrant.

— Vous avez de la veine, Mireille, mais moi j'en ai moins, soupira-t-il.

— Vous avez des ennuis ?

— Je vous perds au moment précis où je vous trouve...

— Je serai de retour après-demain, et cette fois pour renouer avec mon Pascal, avec ou sans ordinateur.

— Je possède un télécopieur ici, Mireille. Faxez-moi l'heure de votre retour, et à mon tour j'irai à votre rencontre. Le numéro est 665-7654. Conduisez prudemment, ajouta-t-il, et revenez vite.

Il posa le téléphone par terre près de sa chaise et se plongea dans le journal. Mais rien ne l'intéressait, aucune nouvelle ne retenait son attention. « Elle n'est pas encore partie des Éboulements que déjà je me languis de sa présence, pensait-il. Décidément, cette femme m'est entrée dans la peau. Pourvu que je lui plaise, se dit-il avec inquiétude. Je vais me rendre chez elle ; je retrouverai son odeur et sa couleur... »

La sonnerie de son fax retentit. Il se leva, surpris, car il venait à peine de le brancher.

Numéro: 24.35.22.33

Je viens de découvrir où tu te caches. Il est indispensable que je te parle. Je détiens les droits d'un projet de film pour ton dernier roman. Le cinéaste français est sérieux, connu, et ses films sont des succès. Je vis avec lui. Nous sommes heureux ensemble. Ton éditeur est déjà au fait de ce projet. Il l'approuve et attend ton autorisation. Oublie nos différends pour penser à ce qui nous rassemble. Je suis toujours ton agent, mais si tu veux reprendre ta liberté d'auteur, faxe-moi une réponse immédiatement.

Pascale

Ce fut à son tour d'être stupéfait.

Il lut et relut le fax, en hochant la tête. Il décida de téléphoner à sa secrétaire à Boston.

— *Has Pascale phoned you?* lui demanda-t-il.

Il écouta impatiemment et dit, furieux:

— *How come she knows where to reach me? Our office in Québec told her? What nerve!*

Il claqua le combiné et se mit à arpenter la petite maison. «Quel culot! se dit-il intérieurement. Pascale viendra évidemment ici sans mon autorisation. Et, telle que je la connais, elle s'installera chez moi. Quelle histoire... ! Sacrée femme ! Dire que ma Pascale risque de briser ma vie alors que le Pascal de Mireille a failli meurtrir la sienne. Décidément, la vie se moque de nous... Mais comment expliquer à Mireille la présence de Pascale chez moi ? Qu'en dira-t-elle ? Pourvu que mon ex arrive et reparte durant l'absence de Mireille... Où est Mireille ? Si seulement je pouvais lui parler... »

Deux jours plus tard, Mireille revint aux Éboulements, heureuse de ses emplettes enfin complétées pour la maison de Marc. Elle se rendit chez lui, sans même songer à passer d'abord chez elle pour se rafraîchir. Rompue aux us et coutumes de Charlevoix, elle poussa la porte d'entrée de chez Marc et s'immobilisa, interdite, choquée, en apercevant par la porte du salon une femme marchant de long en large sur la galerie. Stupéfaite, rendue gauche par la timidité, elle laissa choir sur le parquet de la cuisine un colis. La femme entra en criant :

— Marc, enfin ! Mais où étais-tu ? Il y a deux heures...

Elle s'interrompit brusquement en découvrant Mireille qui, immobile, un peu pâle, la regardait en silence.

— Qui êtes-vous ? demanda-t-elle.

— Et vous ? fit Mireille sèchement.

— Pascale Patroue, l'ex-femme de Marc, répondit-elle tout aussi sèchement. Que faites-vous ici ?

— Je suis une voisine, Mireille Dutour, une romancière à qui votre ex-mari prête son expertise de technicien de l'ordinateur.

Pascale éclata de rire.

— Marc, technicien de l'ordinateur? Il le manie avec difficulté. Ne me racontez pas d'histoires, madame. Je connais fort bien Marc.

— Et moi, enchaîna Mireille, fort mal.

Une voiture s'arrêta brusquement derrière celle de Mireille.

Au moment où Marc, avec ses sacs de provisions, se dirigeait vers la porte de son chalet, Mireille en sortit. Elle s'arrêta et le regarda sans sourire.

— Puisque vous avez retrouvé votre Pascale, je pars immédiatement à la recherche du mien.

— Mais où le trouverez-vous? lui demanda-t-il durement. Pascal n'est plus dans votre ordinateur.

— Je le sais, hélas! répondit-elle en marchant vers sa voiture, mais il hante toujours ma mémoire.

Elle prit place au volant, démarra et se dirigea vers la longue pente montant vers la route principale.

S'agrippant au volant de sa voiture, Mireille ne conduisait pas; elle se laissait emporter au gré de sa mauvaise humeur loin de L'Anse-au-Sac, vers Baie-Saint-Paul. Elle ne voulait pas, à cette heure insolite pour Marc et elle, rentrer aux Éboulements. «Je n'ai que faire de ses explications, se disait-elle rageusement. Décidément, ou cet homme est un fieffé menteur ou je suis facile à berner. Il se trompe gravement, cependant, s'il m'imagine assez éprise de lui pour avaler les savantes justifications qu'il inventera — de cela, au moins, je suis certaine — afin d'apaiser mon inquiétude. Mais, cette fois, il ne réussira pas facilement à rétablir ma confiance en lui. Même la beauté de la mer, qui toujours m'a rendu la paix de l'âme, m'exaspère en ce moment, constata-t-elle tristement. Je ne suis plus en harmonie avec les mille reflets de ses flots sans cesse en mouvement. Pourquoi ne me rend-il pas Pascal ? À la seule idée de le chercher dans ce damné ordinateur dans lequel il a joué pour se moquer de mes angoisses, je panique. Pourquoi sa Pascale a-t-elle éclaté de rire lorsque je lui ai dit qu'il était un expert en informatique ? A-t-il volontairement fait semblant de chercher le fichier de Pascal pour demeurer chez moi ? »

Mireille ne voulait pas céder à la jalousie dont elle se savait la proie, mais elle ne parvenait pas à calmer sa colère au rappel de la présence de l'ex-épouse de Marc chez lui. En arrivant à Baie-Saint-Paul, elle rangea sa voiture près de celles des touristes assis à des tables de pique-nique afin de déguster leur repas tout en contemplant la beauté du paysage entre la baie aux odeurs salines et l'île aux Coudres endormie sous un léger voile de brume. Elle extirpa une chaise du coffre de sa voiture, s'installa loin des rires des visiteurs et ouvrit son sac à main. Elle en retira un bloc de papier jaune et le posa sur ses genoux.

« Tu vois, Martin, se dit-elle, tu prends ta revanche sur la machine à mots, infernale et capricieuse. Au fond, tu avais raison; si j'écris quelques phrases à la main, je ne risque pas de perdre le fil de mes idées... Mais une seule m'habite. Pascal, où es-tu? Je t'en supplie, Pascal, éveille-toi de ta léthargie informatique et parle-moi.»

Mireille dévissa le capuchon de sa Mont-Blanc, puis subitement sursauta. Pascal lui parlait. Insensible aux bruits des passants, à la circulation intense autour d'elle, elle se mit fébrilement à écrire...

* * *

Quelques heures plus tard, Mireille, encore éperdue d'avoir retrouvé la voix de Pascal, sans être certaine toutefois que son personnage lui était enfin revenu, entra chez elle. Un fax l'attendait.

Elle le prit en souriant, sachant qu'elle l'avait elle-même rédigé sous l'impulsion de Pascal. Elle se sentait en situation irréelle sur le plan de son écriture, mais réelle au niveau de sa réalité. Ce fax, oui, bien sûr, elle en était l'auteur, mais elle l'avait écrit dans un élan subliminal ou alors par une inspiration — encore que ce mot la mettait en rogne — dont elle ne contrôlait pas le jet. Donc, elle ne se souvenait pas beaucoup de ce message d'elle à elle que, spontanément, sur un coin de table, elle avait griffonné comme en rêve. Elle détacha la feuille du télécopieur, puis se rendit sur la galerie pour la lire, ou la relire...

Mireille était habitée par une fièvre dont elle ignorait la provenance. Elle se savait partagée entre la femme et l'écrivain. «Suis-je Mireille Dutour, ou une idiote qui se joue une sorte de commedia dell'arte de l'écriture romantique ? »

Elle se cala dans son fauteuil de mer et commença sa lecture.

Oui, Mireille, je suis en toi, je renais de toi comme la vague renaît des autres vagues. Tu étais trop attentive aux charmes de ton nouvel ami, et tu avais fermé ton cœur et surtout ton âme d'écrivain à ma présence en toi. J'étouffais dans les tripes électroniques de ton ordinateur. J'avais besoin de me détendre dans ton intériorité, dans la clarté de ton intelligence, dans la douceur de ta nostalgie. Je suis né de ta détresse, Mireille ; rares sont les écrivains qui forgent leur écriture à même leur bonheur de vivre. Je n'échappais pas à la règle. Toi non plus. Je me nourrissais de tes larmes, bonifiais mon caractère au contact du tien, et je calquais ma démarche sur celle que je fus seul à deviner. Tu ne savais pas où j'allais t'entraîner, Mireille. Je suis revenu à la surface de ton être et j'ai forcé ton imagination à se mettre au service de la mienne. Tu étais, hélas, trop occupée à me chercher pour comprendre que tu m'avais déjà trouvé. Il te restait à prêter l'oreille et le cœur à ma trajectoire silencieuse et non à celle plus tapageuse de ton Marc, qui prend désormais ma place dans ton existence.

Mireille, où es-tu ?

Faxe-moi ta réponse...

Pascal

Sa lecture terminée, Mireille rentra aussitôt et alla s'asseoir à sa table de travail pour rédiger sa réponse.

Tu me demandes où je suis; tu devrais plutôt me demander «où j'en suis», car je n'ai que des explications vagues à donner. À cause de toi, Marc est entré dans ma vie, au moment où les touches du clavier de mon ordinateur ne réussissaient pas à rappeler sur l'écran le chapitre qui dessinait les traits de ton visage. Tu allais devenir le personnage central d'un roman dont je ne connaissais pas encore la tonalité, l'intrigue, les péripéties. Tu avais envahi ma vie depuis la parution de mon avant-dernier livre. Pourquoi? Parce que j'ai vécu ce que tu m'imposes. Ce roman dont tu seras le héros si je parviens à le terminer est le mien, Pascal. Tu te souviens sans doute de la phrase du grand philosophe français Blaise Pascal, qui se permet de faire dire à Dieu, dans ses célèbres «Lettres» à la gloire du jansénisme: «Tu ne me chercherais pas tant si tu ne m'avais déjà trouvé.» Cette citation, inscrite dans un de mes nombreux cahiers de notes, a saisi mon imaginaire de romancière à une heure où, en proie à un blocage psychologique, je croyais ma carrière littéraire terminée. Ne rien faire de mon désœuvrement me paralysait. Avais-je tari mes sources, perdu le goût d'écrire? En étais-je arrivée au carrefour du farniente? Je ne savais plus comment ni pourquoi me survivre si l'écriture ne faisait plus partie inhérente de mon quotidien de femme solitaire...

Durant de longues semaines, je t'écoutai me parler; tu disais des choses dont je ne comprenais pas toujours le sens, mais que je notais à l'ordinateur un peu comme un peintre trace au crayon les lignes fuyantes du visage de son modèle. Petit à petit, tu prenais forme en moi, et je parlais de toi, timidement, à mon amie Mélissa, qui trouvait toujours le mot juste pour te définir, car j'interprétais mal ton langage imprécis. J'avais peur de m'imposer à toi, sachant, à travers l'expérience de mes autres romans, que si je forçais tes confidences et tes actions, tu te déroberais à mon récit... Pascal, il y a quelques minutes, dans le parc public de Baie-Saint-Paul, j'ai perçu durant quelques secondes le son de ta voix, le glissement feutré de tes pas sur mes anciennes pages. Mais tu n'es pas encore revenu chez moi. J'ignore dans quel paradis artificiel ou artistique tu te dérobes à mon écriture, mais, t'ayant repéré quelque part dans l'intemporel, je t'ai ancré dans mon temporel par ce fax. Un jeu pour la romancière qui se rassure en imaginant ce que tu pourrais me dire, oui, bien sûr, mais où est le mal? Parfois, ne faut-il pas inventer la réalité pour inventer la fiction?

Pascal, oh! Pascal, es-tu enfin revenu?

Mireille se leva, déposa la copie de sa réponse à Pascal devant son ordinateur. «Qui sait, se dit-elle, si le miracle des retrouvailles entre mon personnage et cette machine infernale n'aura pas lieu? Si je racontais mes errements insolites à Marc, il se moquerait de moi, mais...»

Une voiture stoppa devant sa porte ; Marc et Pascale entrèrent chez elle. Interdite, un peu étonnée par cette visite imprévue, Mireille se figea.

— Je me suis permis de venir vous saluer avant notre départ pour Québec, dit rapidement Marc en observant la mine sévère de Mireille, car Pascale prend l'avion pour Montréal dans quelques heures. Au fait, je vous la présente...

— J'ai déjà rencontré votre Pascale, répondit durement Mireille.

— Je ne suis pas sa Pascale, madame, mais l'épouse du cinéaste français Jacques Latourelle. Marc vient de signer un contrat avec lui et le film sera tourné avec un producteur québécois.

— Le mien aussi, riposta sèchement Mireille, visiblement agacée par cette Pascale française.

— Voilà la raison qui nous a poussés à envahir votre maison, Mireille. Pascale croit, et je l'appuie, qu'il serait merveilleux de vous avoir comme coscénariste afin de rendre l'histoire plus véridique pour les vôtres.

— Les miens comprennent fort bien les films français, et sans traduction en plus, jeta Mireille avec ironie.

— Marc, dit alors Pascale, nous n'avons rien de plus à faire ici. Partons, veux-tu ? Je ne veux pas rater mon avion.

— Mireille, fit Marc d'un ton suppliant, permettez-moi d'arrêter à mon retour de Québec. Je veux tenter de vous convaincre de travailler avec moi à ce film.

— Non, Marc, pas ce soir. Je retrouve enfin les traces de mon Pascal... Tenez, lisez, dit-elle en lui tendant son fax.

Marc y jeta les yeux et sursauta. Il avait repéré le nom de Pascal au bas de la feuille. Mais sa Pascale, comme avait dit Mireille, lui répéta impatiemment:

— Marc, nous n'avons pas le temps de discuter de vos scénarios. Je dois partir dans deux heures; alors, je t'en prie, filons vers l'aéroport de Québec.

Elle tourna les talons, quittant la maison sans même saluer Mireille. Marc la suivit, la tête basse et, à son tour, le visage fermé.

— J'irai en mer demain et je vous téléphonerai après-demain. Au revoir et merci, lui jeta-t-il avec amertume.

Le son de la voiture qui reprenait la route rendit tout à coup Mireille furieuse.

«Quel culot elle a, cette Française, avec son accent pointu! Non, non, je ne collaborerai pas à ce film. Si Marc n'y arrive pas seul, tant pis pour lui.»

Elle prit place devant son ordinateur, l'ouvrit, et passa en revue son répertoire. Pascal n'était évidemment pas revenu. Elle referma l'appareil. Elle demeura ensuite quelques minutes immobile, perdue dans ses pensées, combattant la panique qui petit à petit la reprenait.

«Je me suis joué une triste comédie, songea-t-elle, en imaginant un Pascal encore en errance dans ma tête. Mais même si je ne le retrouve pas immédiatement, je le sens bouger en moi. Et, après tout, n'est-ce pas son évanescente présence qui importe ? Je suis en attente de mon personnage, non plus amputée de lui. Allons voir la mer. Qui sait ce qu'elle me dira ? Est-ce pour se consoler de mon attitude revêche que Marc demain se promènera sur les vagues ? Pourvu qu'il dirige bien sa barque. La mer est parfois dangereuse pour qui ne la connaît pas, ou pour qui contredit ses vents et marées. Je dois travailler maintenant, et si Pascal continue de se dérober à mon écriture, j'inventerai un autre personnage. Mais c'est à mon tour de m'interroger : saurai-je bien diriger mon voilier du rêve... ?»

Résolument, elle rouvrit son ordinateur, en disant à haute voix :

— En avant, toute... !

* * *

Le lendemain matin, dès six heures trente, Marc rangea sa voiture dans le parc avoisinant la marina de Cap-à-l'Aigle.

— Il faudrait lever les voiles à belle heure, lui avait dit, la veille, le pilote à qui il avait loué un voilier pour le lendemain. Non, monsieur, avait-il ajouté fermement, je ne vous laisserai pas naviguer seul sans mieux vous connaître. Je suis responsable de nos bateaux de location et responsable surtout de votre vie.

Marc se savait rompu au maniement des bateaux de plaisance — il possédait un catamaran dans le Massachusetts — mais il avait cédé aux instances de l'homme à qui il avait fait part de son désir de prendre le large. De solide carrure — « Il est presque aussi haut que son mât », se disait Marc —, ce marin à la peau dorée, aux yeux profonds et à la barbe grisonnante lui était sympathique. D'instinct, Marc lui fit confiance.

— Pourquoi cette journée en mer ? avait-il demandé. Me faut-il mettre sur le pont un attirail de pêche ?

— Non, avait répondu Marc fermement. Je veux réfléchir, tout simplement, et épouser dans mon être la grande sagesse de la mer. Je dois vous paraître un peu fou, mais je veux oublier la terre et ses problèmes durant quelques heures.

La grisaille du ciel enveloppait la mer, et le pilote, en voyant Marc examiner le voilier qui l'attendait au port, lui demanda s'il préférait remettre au lendemain une excursion marine qui risquait la tempête.

— Non, répondit Marc ; quand j'ai pris une décision, rien ne m'empêche de la mettre à exécution. La météo prédisait tout à l'heure que le soleil apparaîtrait dans quelques heures. Allons, appareillons. J'ai besoin du grand large...

Le pilote prit la barre du gouvernail d'une main, vérifia les haubans, hissa la voilure et dirigea le blanc voilier hors du port. Le regardant manœuvrer, Marc comprit que l'homme était bon timonier. Rassuré par le sérieux de son compagnon, il prit place à ses côtés.

— La mer est belle, monsieur.

— Mon nom est Marc.

— Moi, je m'appelle François.

En quelques minutes, le vent gonfla la misaine, et le blanc voilier fila vers le large. Les deux hommes demeurèrent silencieux durant un bon moment, chacun ne sachant que dire à l'autre. Le silence de la mer, à peine rompu par les vagues rapides qui venaient éclater contre la coque, semblait les rendre muets. Marc se laissait bercer par le tangage du voilier qui fendait les flots avec aisance. La tension qui le ravageait depuis l'arrivée inopinée de Pascale, le visage fermé de Mireille la veille lorsqu'il lui avait proposé de collaborer au scénario de son film l'avaient à la fois irrité et inquiété. «Pourquoi s'est-elle à ce point braquée contre cette proposition? Serait-elle jalouse de Pascale? Et qui lui a faxé un message de son Pascal?» Marc se retourna et regarda la côte qui s'allongeait derrière le voilier pour plonger, quelques vagues plus tard, dans la grisaille saline qui les entourait.

— Sommes-nous devant Les Éboulements? demanda-t-il.

— Non. Nous filons au large de Pointe-au-Pic.

— J'ai soif, dit Marc.

— Il n'y a pas de boisson à bord, Marc. La mer et l'alcool ne font pas bon ménage. Mais en bas, dans la cabine, une cafetière électrique vous attend. Je prendrai volontiers un café avec vous.

Marc descendit, ouvrit les battants, regarda la minuscule pièce. Une petite table sur laquelle se trouvaient le café, deux tasses, une boîte de biscuits. Sur le mur, des cirés jaunes pendaient. Empilés dans un coin de la cabine, des chandails devaient réchauffer les passagers contre le vent et les embruns. Marc revint sur le pont, portant précairement deux bols de café. Il en tendit un à François qui, se levant, retint la barre entre ses jambes et but lentement.

Le soleil tout à coup se découvrit aux deux hommes silencieux mais admiratifs d'une mer traversée de grands sillons vert, gris et bleu. Les falaises avaient disparu. La grande musique de l'océan tomba sur eux comme une symphonie de Mozart dans les oreilles des amoureux de ce grand musicien.

— C'est quoi, la mer? demanda tout à coup Marc.

François le regarda un moment et dit:

— Voulez-vous barrer, Marc?

Heureux, s'imaginant subitement décoré par un capitaine de marine, Marc déposa son café et prit la barre du voilier. François s'assit à ses côtés, et, bientôt rassuré par la maîtrise de Marc à la conduite du bateau, il se détendit.

— Vous habitez la région? demanda-t-il en avalant son café.

— À L'Anse-au-Sac. Une amie a loué un chalet pour moi, et j'y passerai l'été. Je suis directeur de la firme IBM à Boston et écrivain à mes heures de loisir. J'en ai de moins en moins, hélas, et voilà pourquoi, si vous me faites confiance, j'irai souvent en mer avec vous. J'ai besoin de retrouver mon équilibre.

— Elle vous le rendra, si vous savez l'entendre, lui dit son compagnon. Il y a des années que je loue un navire de croisière en septembre, avec des copains, et nous vivons quinze jours loin de la terre. Nous revenons transformés, sereins, rompus à la discipline du vent et des flots. Si vous aimez naviguer, la mer vous aidera.

François parlait doucement, comme enveloppé dans ses souvenirs. Surpris, heureux de réaliser que la confiance commençait à naître entre lui et son pilote, Marc l'écoutait, pressentant que derrière la sérénité de François se cachait peut-être un mystère.

Tout à coup, une énorme vague se fracassa contre le bateau. Marc redressa rapidement le voilier, qui tanguait dangereusement.

— Vous avez le poing marin, Marc, dit François. Je vais aller me détendre à la proue du bateau. Je vous le confie, fit-il en se levant.

Étonné, Marc ne dit mot. Le vent sifflait fort et il devait demeurer attentif aux flots qui venaient se briser contre la coque, pour affronter la force des vagues. Soudainement, il oublia Mireille, sa mauvaise humeur et ses inquiétudes, pour barrer d'une main ferme dans le sens du courant. Il était enfin heureux. François revint s'asseoir près de lui.

— Vous êtes américain, Marc ?

— Français d'origine, mais américain depuis cinq ans.

— Vous écrivez des romans ?

— Des romans policiers, oui, sous le nom de Marcel Poutrain.

— Nous possédons quelques-uns de vos livres à Baie-Saint-Paul. J'y travaille l'hiver. J'irai en chercher un demain. J'ai hâte de vous découvrir. Il me semble, et j'espère ne pas vous froisser en parlant ainsi, que nous pourrions être amis.

— Oui, dit Marc en souriant. Moi aussi, je le crois. Je suis très seul ici. J'ai besoin d'une amitié d'homme. Je ne connais ici personne d'autre que la romancière Mireille Dutour.

— Qui est-ce?

— Une romancière fort populaire dans votre pays.

— Ah oui? Je ne l'ai jamais lue.

François paraissait mal à l'aise et Marc s'empressa de changer de sujet de conversation.

— Je vous rends votre voilier, j'ai un peu froid. Vous permettez que j'endosse un de vos lainages? demanda-t-il en se dirigeant vers la cabine. J'aurais dû apporter un peu de whisky pour me réchauffer...

— Mais, riposta François, si vous l'aviez fait, notre amitié se serait noyée dans la mer qui nous entoure.

— Pourquoi? demanda Marc en se tournant vers lui.

— Parce que, rétorqua François, je suis presque un alcoolique...

Marc le regarda intensément et dit:

— Je nous prépare un autre café?

— Oui, et merci.

Ils prirent place de chaque côté de la barre. François y posa sa main gauche, brunie par le soleil et meurtrie par les drisses. Marc instinctivement posa la droite, blanche à cause de son travail d'intérieur, à côté de celle de son compagnon. Les deux hommes burent leur café en silence, mais leur mutisme était plein de non-dit.

— Je vous ai choqué, Marc ?

— À mon âge, il en faudrait plus pour me choquer.

La paix de nouveau les enveloppa. Une cohorte de mouettes rieuses tournaient autour de leur voilier. L'une d'elles suspendit brusquement son vol, replia ses ailes et se laissa choir dans la mer, puis elle remonta dans le ciel à grand fracas de plumes blanches, un petit poisson dans le bec. Une autre se posa quelques secondes sur le haut mât. François leva la tête.

— Regardez, Marc : un oiseau de mer devient pour nous une colombe de paix. Elle nous la rendra, j'en suis certain. Alors, monsieur mon passager, on rentre au port ?

— Non, non, fit Marc, suppliant. Je sens la tension se retirer de moi et une sorte de calme que je ne connaissais plus la remplace...

— Vous avez une vie difficile à Boston ?

— Lourde de responsabilités. Le monde est de plus en plus dépendant de la technologie, et lorsque ce virus nous prend, il ne nous lâche plus.

— Vous n'aimiez pas vivre en France? osa demander François en manœuvrant le voilier pour longer les falaises qui brusquement dressaient à l'horizon une frontière verte au champ illimité de la mer.

— Mon enfance fut pénible, François.

— Des parents divorcés?

Marc se leva, tourna le dos à François et répondit, d'une voix douce mais triste:

— Mon père était prêtre et il ne m'a jamais connu. Il fut tué au début de la guerre...

Il lui raconta alors ce qu'il avait déjà raconté à Mireille: comment sa mère avait travaillé dur pour lui procurer une bonne éducation, et comment, à son décès, après avoir appris le secret de ses origines, il avait quitté la France pour les États-Unis.

— Mon pays me pesait et j'avais soif d'avenir. J'ai travaillé fort, François, et finalement je suis arrivé à la tête de la succursale d'IBM à Boston. J'y suis encore, mais avec Mireille dans ma vie, je ne sais plus où je veux aller... Tu vois, François? De nous deux, je suis le plus faible...

— Non, répondit François. Je suis un misérable, un homme qui a toujours trop soif. Et il m'arrive encore souvent de céder à cette soif. Je suis responsable de la mort de mon meilleur ami.

Il se leva et Marc n'osa bouger, pressentant que François allait lui raconter sa difficulté de vivre et les raisons de son installation à Cap-à-l'Aigle.

— Un soir, dit François, je vis descendre sur le quai, ici, tout près, un jeune motard, de toute évidence saoul et fou de vitesse. Il s'arrêta de justesse à quelques mètres du cabestan. Tous ceux de nous qui l'observaient étaient stupéfaits et aussi, je le reconnais, en colère. Cap-à-l'Aigle n'a pas besoin de tels spectacles. Je me rendis jusqu'à lui et lui reprochai son imprudence, mais le type n'était plus en état de parler. Il ouvrit la besace de sa moto, en sortit une bière, me la tendit, et, devant mon refus, il l'avala d'un trait, puis tomba à la renverse, ivre mort. Je demandai de l'aide à mes copains, qui sont toujours sur le quai en quête de touristes pour aller en mer, et les priai de ramener le gars à la grange. Je les suivis en enfourchant sa moto.

— Vous avez été généreux pour cet inconnu, osa dire Marc.

— Parce que, un jour, des inconnus furent aussi généreux pour moi. Mais, pour raccourcir une histoire qui risque de vous ennuyer, disons que le père de Fabrice, un homme riche mais trop orgueilleux pour s'occuper de son fils, lui versa un jour une grosse somme d'argent et lui dit: «Ta mère et moi ne voulons plus avoir honte de notre fils; prends cet argent, et quand tu seras sobre, tu reprendras ta place à la maison.» Il demeura chez nous pendant deux ans, nous aidant quand nous touchions le fond du baril. Un jour, pour me remercier de je ne sais quoi, il m'offrit une moto usagée mais en parfait état. Nous avons parcouru la région tous les deux, mais Fabrice était toujours assoiffé. Je le surveillais, mais avec discrétion. Il ne fallait surtout pas le perdre avant de le savoir guéri. Un matin, lui et moi avons emmené des touristes en mer et la tempête éclata. Ils buvaient sans arrêt et nous étions tous les deux grisés par l'odeur de leurs maudites bouteilles. La tempête faillit emporter le *Vent du large*, et Fabrice et moi étions furieux de voir nos clients boire sans nous venir en aide. Quand nous sommes revenus ici, Fabrice était à bout de nerfs et moi aussi. Nous avons décidé d'enfourcher nos motos et de filer vers Baie-Saint-Paul, afin, nous disions-nous, de chasser l'odeur d'alcool qui nous grisait, nous tentait, nous tenait... Nous avons conduit nos motos comme deux fous, nous arrêtant ici et là pour malheureusement avaler une bière. «Deux ou trois verres ne nous feront pas grand mal», répétait Fabrice, tandis que j'étais trop lâche et trop assoiffé à mon tour pour nous interdire de boire. Quelques kilomètres plus loin, alors que nous filions à une vitesse infernale, rasant les autos sur la route, Fabrice heurta ma roue arrière et il bascula dans le vide... Je descendis le ravin comme un fou, en tombant à tous les deux pas, pour retrouver mon ami écrasé sous sa moto. Il était mort. Mes copains nous ont retrouvés et nous ont ramenés. Quelques jours plus tard, j'ai repris du service à bord des bateaux de Cap-à-l'Aigle, mais ma vie oscille maintenant entre la mer et les bouteilles. Donc, Marc, le plus triste, c'est moi. La vie vous réussira, j'en suis certain. Mireille est sûrement une femme admirable, et si vous savez vous en faire aimer, vous donnerez un nouveau sens à votre existence.

Les deux hommes demeurèrent muets, unis par des sentiments profonds mais que ni l'un ni l'autre n'osaient exprimer. Mais la mer, malgré eux, leur parlait dans son émouvante langue de vagues et de vents.

* * *

Mireille avait peu dormi durant la nuit, mais l'obscurité avait éclairci ses pensées. Elle prit alors deux décisions. La première concernait sa mauvaise humeur contre Marc ; elle avait un nom : jalousie ; et un surnom : Pascale. Et la seconde concernait son roman. « Cette ébauche de roman qui, lentement mais sûrement, corrode toutes mes capacités de romancière. Je ne peux décemment continuer de me complaire dans ce marasme créatif parce que j'ai perdu un personnage. J'ai par contre trouvé sur mon chemin un homme qui, du moins jusqu'à l'arrivée inopinée de son ex-amoureuse chez lui, me permettait de croire que l'amour rajeunirait ma vie. Ai-je tout brisé par ma mauvaise humeur contre lui, par mon refus de collaborer à son film alors que je meurs d'envie de le faire ? Je me lèverai avec le jour et je supprimerai de mon ordinateur les trois chapitres du roman que je ne finirai jamais. »

Soulagée par la clarté de ces décisions, Mireille sombra durant quelques heures dans un sommeil tranquille. Dès sept heures, elle se retrouva devant son ordinateur, et, avec une grande fermeté, lentement, elle rappela son répertoire en appuyant sur les touches voulues. Les noms de ses trois fichiers apparurent sur l'écran. « Non, se dit-elle, je ne les relirai pas. » Résolument, mais avec une certaine fébrilité, elle posa le curseur sur le nom du premier fichier, puis appuya sur la touche d'effacement. Un message apparut sur l'écran: «Êtes-vous certain de vouloir effacer ce fichier? Oui ou non?» Elle appuya sur la touche «O» et répéta trois fois de suite ce procédé. En quelques secondes, le roman avait disparu, et Mireille fut alors secouée par une crise de larmes. Il lui avait fallu six mois pour rédiger cent pages, et dix secondes pour les effacer. À la fois soulagée par sa décision et brisée par son exécution, elle referma son ordinateur et alla se préparer un café. Passant devant son télécopieur, elle s'immobilisa; le fax signé Pascal, rédigé par elle-même sur un coup de cœur, était là. Après avoir été, durant des semaines, en proie à une panique douloureuse due à une trahison inexplicable de son ordinateur, voici que, ce matin, elle constatait que Pascal avait survécu au naufrage du roman centré sur lui. Qu'en faire maintenant?

Mettre un peu d'ordre et de rigueur dans sa vie.

Sans tenir compte de l'heure matinale, elle téléphona à Marc, et, avant même que celui-ci ne parle, elle lui dit rapidement:

— Marc, j'ai besoin de vous. Oubliez ma mauvaise humeur d'avant-hier et venez dîner à la maison ce soir.

Elle l'écouta quelques minutes, puis poursuivit:

— Oui, Marc, je vous écouterai, comme j'espère que vous le ferez pour moi. Alors, à plus tard... Moi aussi, je suis heureuse de vous savoir encore près de moi.

Elle raccrocha le combiné, rangea quelques feuilles blanches et un stylo dans son porte-documents et marcha vers sa voiture. « J'ai besoin de me rendre à l'atelier des Leroy. Marie-Claude et Michel seront au point de départ de ma renaissance créatrice, si j'en suis encore capable. »

Dix minutes plus tard, elle entra par la porte de côté de leur atelier et, comme elle s'y attendait, elle trouva le couple en pleine activité créatrice.

— Je vous dérange sans doute, mais j'ai besoin de m'inspirer de vous, dit-elle à Marie-Claude, auréolée par ses cheveux blonds éclairés par la lumière de la mer qui entrait dans leur studio.

Marie-Claude, potière, et Michel, peintre, connaissaient Mireille depuis une dizaine d'années, mais, chacun étant occupé par son métier, ils se voyaient rarement. Toutefois, un lien très solide les unissait dans une même volonté de créer des formes, des couleurs, des phrases.

Accroupie sur un fauteuil minuscule, Marie-Claude posa sur le rondeau une boule de terre, puis activa le tour. Mireille prenait des notes. Se tournant vers Michel, elle le regarda tracer sur un canevas quelques traits de crayon à peine visibles ; à son tour, il créait la fleur, comme, quelques mois auparavant, Mireille, sur l'écran cathodique, avait ébauché une histoire. Quelques heures plus tard, un bouquet, harmonieusement bottelé aux couleurs des champs salés de Charlevoix, éclaterait sur son écran de toile. « Pourquoi ne puis-je les imiter et oublier mon ordinateur pour travailler comme eux d'une façon plus naturelle, plus humaine... ?»

— Si votre toile se déchirait sous la pression de votre spatule, Michel, qu'arriverait-il ?

Michel se tourna vers elle, et, avec ce regard perçant qui lui était habituel, répondit, en reprenant ses pinceaux :

— Je poserais une autre toile sur le chevalet et je recommencerais.

— Et vous, Marie-Claude, si votre tour ne fonctionnait plus ?

— Je sculpterais la terre avec mes mains, et je ferais réparer mon tour le plus vite possible, lui répondit-elle avec le rire spontané qui la caractérisait.

Mireille se leva, les regarda en souriant et dit :

— Si vous saviez comme je vous envie. Vous créez tous les deux vos œuvres avec des instruments simples. Moi, je travaille avec une machine maudite qui avale mes mots en cinq secondes alors que j'ai mis des heures à les aligner.

Elle leur sourit et, sans rien ajouter, elle quitta rapidement leur atelier.

Elle s'en retourna aux Éboulements apaisée, rassurée. Elle s'arrêta en cours de route pour acheter un carré d'agneau, quelques légumes, et s'en fut rapidement chez elle afin de préparer pour Marc le dîner des amours peut-être retrouvées.

* * *

À brûle-pourpoint, Marc demanda, en dégustant son carré d'agneau :

— Mireille, aimeriez-vous aller en mer sur un voilier que je louerai la semaine prochaine pour le reste de l'été ?

— Oui, mais je ne suis pas très brave sur l'eau. Si vous longez la jetée, ma bravoure en serait rassurée.

Marc éclata de rire.

— Oui, je longerai les falaises de Cap-à-l'Aigle à L'Anse-au-Sac, et vous serez en toute sécurité. Je possède un voilier ancré dans une petite rade dans le Massachusetts, et ici je me suis fait un ami à la marina. Demain, je retourne en mer avec lui, et lorsque nous serons seuls, vous et moi, sur le voilier, j'aurai maîtrisé les courants, repéré les brisants, et je vous promets une journée calme, radieuse et sans danger. Mireille, je suis heureux d'être enfin seul avec vous !

D'un commun accord, ils avaient tous les deux oublié ce qui les avait séparés ; pourquoi revenir sur un incident disgracieux quand leur soirée était sereine, aimable, un peu tendre ?

— Et votre roman ? osa tout de même demander Marc.

— Supprimé de l'ordinateur. Je me laisse vivre sans écrire durant quelques jours, et plus tard j'en recommencerai un autre.

Marc se raidit, regarda Mireille dans les yeux et demanda :

— Mais pourquoi? J'ai tellement aimé les trois premiers chapitres.

— J'ai fait trop de drames autour de la disparition de Pascal. Dans quelque temps, Marc, je vous présenterai mes amis les Leroy. Ces deux artistes travaillent sans outils électroniques, avec leurs mains, leur tête et beaucoup de leur âme. Je suis allée à leur atelier hier, et j'ai compris que l'ordinateur n'aide pas l'écrivain. Donc, je me remettrai peut-être à écrire à la main, comme le faisait Martin.

Marc la regarda d'un air courroucé.

— Mireille, nous sommes à la fine pointe du progrès technologique. Vous n'allez tout de même pas retourner au Moyen Âge... Votre ordinateur est presque neuf, donc...

— Donc, je suis encore capable d'oublier une commande, et c'est de toute évidence ce qu'il m'est arrivé pour le fichier sur Pascal. Je n'ai pas sauvegardé mon texte et Pascal a disparu. Je n'ai plus le goût de perdre du temps à pleurnicher; celui qu'il me reste n'est pas indéfiniment extensible.

— Mireille, protesta Marc, vous êtes en pleine jeunesse, en pleine beauté. Quand je suis près de vous, je me sens jeune, frémissant devant votre élégance. Je ne sais plus si je dois demeurer à vos côtés ou retourner à Boston.

— Avec votre Pascale? osa alors répliquer vivement Mireille.

— Pascale vit à Paris, où elle travaille comme agent de cinéma avec l'équipe de son nouveau conjoint. Elle l'aime et se déclare plus heureuse que jamais.

— Alors, pourquoi voulez-vous retourner à Boston avant la fin de votre congé et surtout avant l'expiration du contrat de location de votre maison?

Mireille se leva pour desservir et apporter la tarte aux framboises de Saint-Joseph-de-la-Rive, la meilleure du monde, avait-elle affirmé. Marc aussi se leva pour l'aider. Mais, en revenant de la cuisine, il la prit contre lui.

— Je suis tenté de vous quitter parce que je sais maintenant que je ne veux plus jamais vous quitter... Voulez-vous de moi dans votre vie, Mireille?

— Oui et non. Je suis partagée entre la crainte de me faire mal contre vous et celle d'avoir mal sans vous.

Marc releva son visage et l'embrassa longuement. Puis il la regarda, visiblement ému.

— Vous n'aurez mal ni par ni à cause de moi; cela, je vous le jure, Mireille. Venez, nous allons enfin nous aimer.

— Non, Marc, non, pas tout de suite, et surtout pas ici...

— Mais...

— Marc, fit Mireille fermement, ici, c'est la maison du passé. Elle appartient à Martin et à moi. J'ai envie de vous aimer et de me laisser combler par vous, mais, encore une fois, pas ici et pas maintenant.

Marc retourna prendre place à la table. Il comprenait les réticences de Mireille, mais savait que bientôt, ici ou chez lui, elle se donnerait à lui.

— *My love*, dit-il, comme notre Édith Piaf, «j'attendrai»... Nous prendrons le temps de notre vie pour vivre le temps de notre amour. Mireille, venez en mer avec moi; vous entendrez son chant et il vous rapprochera de moi. Je me suis fait un copain à Cap-à-l'Aigle et j'aimerais vous parler de lui, mais, fit-il en riant, seulement après avoir dégusté cette odorante tarte aux framboises...

Dix minutes plus tard, ils sirotaient leur café sur la longue galerie blanc et bleu qui ceinturait la maison de Mireille. Un parasol aux couleurs de la France était ouvert. Mireille ne l'avait pas enlevé à la tombée du jour, pour faire plaisir à Marc.

— Vous vous ombragez des étoiles? fit-il en regardant le parasol.

— Non, je vous fête, car vous avez sans doute oublié que c'est le 14 juillet aujourd'hui. Alors, vive la France! dit-elle en levant sa tasse de café.

Marc se leva, se pencha sur le visage souriant de Mireille et lui fit une bise sur le bout du nez.

— Merci pour mon beau pays, fit-il en reprenant son siège. Ce François, Mireille, c'est un gars qui a beaucoup souffert. Il m'a avoué son alcoolisme très simplement, sans se donner d'excuses, mais en affirmant tranquillement que si j'apportais un peu d'alcool pour me réchauffer au grand large, notre amitié se noierait dans la mer. Je n'ai pas insisté, car j'ai besoin de son amitié.

— Pourquoi ? demanda Mireille.

— Parce que lui parler, l'écouter me fait du bien et le rassure. Il ne doit pas être facile de contrôler sa soif. Pas plus, ajouta-t-il pour la voir sourire, que de contrôler son désir de la personne aimée...

— Marc...

— Je vous taquine, Mireille ; je suis un homme patient, mais déterminé.

— Donc, votre nouvel ami navigue avec vous ?

— Il loue des voiliers aux touristes dont je suis, mais en possède un, le *Vent du large*, et demain j'irai à bord sous son commandement. J'espère qu'un jour il consentira à me le prêter, mais auparavant je dois mériter sa confiance.

— Comme vous devez aussi mériter la mienne, rétorqua Mireille en souriant.

— Vous voulez maîtriser mes vents et marées comme François veut me savoir capable d'affronter la mer et ses intempéries ?

— Car intempéries il y aura ? dit-elle en le regardant intensément.

— Pourquoi dites-vous cela et sur ce ton ?

— Je ne sais pas. Au fond, Marc, je vous connais bien peu. Un fax n'est peut-être pas le meilleur moyen de faire connaissance.

— Justement, Mireille, ce fax de votre Pascal, d'où venait-il ? Votre personnage est-il vivant quelque part comme mon ex-épouse l'est à Paris ?

— J'ai écrit ce texte à Baie-Saint-Paul, car, durant la matinée, j'avais en pensée repris contact avec lui. Puis, poursuivit-elle d'une voix enrouée, il a de nouveau disparu. Un peu comme la mer, à certaines heures, se couvre de brume, se découvre et s'enroule de nouveau dans son châle aussi gris que ses flots. Et curieusement, ce matin, j'ai ouvert l'ordinateur, supprimé mes trois chapitres, et, juste avant de sortir pour me rendre chez les Leroy, j'ai trouvé mon fax là où je l'avais déposé. J'ignore encore la raison de cette comédie que je me suis volontairement jouée comme en rêve, mais je ne cherche plus Pascal. S'il émerge de mes brumes, peut-être serai-je enfin capable de le coucher sur le papier...

Marc se leva rapidement, posa sa tasse de café sur une table et dit :

— Alors, Mireille, je vous laisse. Je suis encore ébloui par ma journée d'hier en mer et je dois me préparer tôt pour lever l'ancre dès six heures trente demain matin. Je ne veux pas décevoir mon copain et il me faut des forces pour affronter mon jour en mer avant de vous engager comme mousse si François consent à me prêter son bateau. Puisque je ne peux dormir ici, je ferais mieux de vous quitter pour vous retrouver demain soir. Je vous téléphonerai dès que nous rentrerons à Cap-à-l'Aigle.

— Marc, je vous déçois ?

— Non, fit-il en marchant rapidement vers sa voiture garée devant la porte. Souhaitons que moi je ne vous déçoive jamais.

Il démarra, laissant derrière lui une Mireille interdite et vaguement inquiète.

Tout en rangeant la vaisselle, elle se demandait: «Ai-je fait une bêtise de ne pas lui dire oui tout de suite? L'ai-je vexé parce que je ne veux pas faire l'amour ici, dans notre chambre, Martin? Il ne l'a jamais vue. Me pardonneras-tu, mon ancien amour, si je me permets un nouveau bonheur d'aimer et d'être aimée? J'ai tant besoin de bras autour de moi, d'un corps à prendre, d'une poitrine sur laquelle poser ma tête et laisser engourdir mon cœur vidé par ton absence...»

Troublée, peu rassurée sur son lendemain, Mireille décida de faxer son angoisse à Mélissa.

Je n'écrirai plus le roman de Pascal. J'en vivrai un avec Marc. J'ai peur, mais je crois l'aimer. Que dois-je faire?

Mireille

Quinze minutes plus tard, Mélissa lui répondait:

Fais-toi belle et laisse-toi aimer. Tu as beaucoup de veine. Beau bonheur!

Mélissa

Mireille lut en souriant le message de son amie, et elle entra un peu moins désemparée dans sa chambre. «Non, se disait-elle, je ne suis pas encore prête à coucher avec un autre ici dans ce port de bonheur qui fut celui de Martin et de moi...»

Elle s'endormit rapidement.

* * *

François et Marc, vêtus de cirés jaunes, avaient peine à gouverner le *Vent du large*, un voilier plus lourd en voilure et en mâture que le premier sur lequel Marc avait découvert les flots salés de Charlevoix. «Mais, se disait-il en s'agrippant aux haubans, heureusement que Mireille n'est pas à bord! Elle mourrait de peur! Je ne suis pas à ce point rassuré moi-même. Mais François, lui, semble calme, pour ainsi dire heureux de braver la colère du vent et des vagues. Peut-être revit-il sur la mer ses tempêtes intérieures contre l'alcoolisme.»

— La mer est furieuse, décida François. Nous devons barrer ferme, autrement elle nous matera. Vous. ça va?

— Oui, mais heureusement pour moi, tu es capitaine à bord.

François lui sourit, tourna sa pipe à l'envers, histoire de ne pas avaler l'eau, et avec fermeté il dirigea le *Vent du large* vers le vent du large, précisément. Une fureur de pluie les enveloppa durant une dizaine de minutes, puis brusquement le soleil revint sur eux.

Le voilier ruisselant resplendissait et les deux hommes se regardèrent en riant.

— Si vous nous faisiez du café ? suggéra François.

Marc descendit dans la cabine, plus vaste sur ce bateau que sur le premier; deux larges banquettes portaient des matelas bleu et blanc. Il remonta sur le pont.

François avait enjambé la barre pour tenir plus solidement son bol de café, car le voilier tanguait dangereusement. Petit à petit, le calme revint sur la mer, et François, histoire de se détendre, fit virer le voilier pour mouiller dans une crique. Les deux hommes enlevèrent leurs cirés, et, torse nu, ils s'étendirent côte à côte à la proue du navire immobile.

— Dans quelques jours, j'aimerais te présenter Mireille. Je pense l'aimer et je devine qu'elle ne me repoussera pas. Quand tu m'y autoriseras et que tu m'auras donné mes galons de timonier, je louerai ton voilier. Je l'emmènerai alors en mer, mais en longeant la côte car elle a eu le courage de m'avouer sa peur de naviguer au grand large.

— Bravo ! dit François. Si elle a peur de filer vers l'immensité, je me sentirai rassuré quand vous serez à la barre de mon voilier. Je n'ai pas encore fini de le payer...

— En parlant de paiement, fit soudainement Marc, il te faudra me dire combien je te dois pour nos journées en mer.

— Du café, de l'amitié et de la confiance, fit François fermement.

— Mais...

François l'interrompit:

— Vous êtes mousse, jeune homme, et moi capitaine au long cours; alors, un peu de respect pour votre supérieur, fit-il en riant aux éclats.

— J'aimerais louer le *Vent du large* le plus souvent possible, reprit Marc.

François se tourna vers lui en s'appuyant sur son coude.

— Parlez-moi de Mireille.

— Elle est belle, à peu près de mon âge, donc dans la cinquantaine, en excellente santé, mais en proie à la panique car elle a perdu un chapitre important de son prochain roman à cause de son ordinateur.

— J'ai essayé d'apprendre le fonctionnement de cette machine et je n'en ai pas été capable, admit François.

— Je comprends, car, en dépit du fait que je dirige IBM à Boston et que l'ordinateur m'est devenu aussi familier que ma voiture, j'ai encore du mal à maîtriser son fonctionnement. Pour ne pas que Mireille comprenne que j'étais meilleur directeur industriel que technicien, j'ai porté le sien à notre succursale de Québec et prié nos employés de le ramener à la santé. Ce qu'ils ont fait.

— Et le chapitre est revenu? demanda François.

Après une longue hésitation et un soupir, Marc se leva pour hisser les voiles et répondit:

— Non, et Mireille est déchirée par la perte de son personnage principal. Par un hasard extraordinaire, ma première femme se nommait Pascale et c'est aussi le prénom du héros de Mireille.

— C'est sans doute ce même hasard qui a favorisé votre rencontre? s'enquit François en allant aider Marc à lever l'ancre.

La mer et le ciel étaient aussi bleus que les deux voiles du *Vent du large*. Le moment semblait si irréel, tellement en dehors de la beauté terrestre, que les deux hommes, une fois assis de chaque côté de la barre, ne parlèrent plus. Un chant de solitude les enveloppait. Le voilier était-il seul en mer? Quelques mouettes rieuses pleuraient de leurs cris éraillés au-dessus du mât. Elles avaient faim.

— Moi aussi, j'ai faim, fit Marc en les écoutant. J'ai apporté quelques sandwiches et du jus de fruits.

— Merci. Mais nous ne nous arrêterons pas pour manger, car il vous faut tout apprendre de ce bateau avant de le gouverner.

Une heure plus tard, Marc commença doucement à interroger François.

— Est-ce que tu as encore soif? Je voudrais tellement te venir en aide mais j'ignore si en parler te gêne.

— Je ne sais pas parler, Marc. Je n'intéresse personne. Seuls mes copains, eux aussi ravagés par la soif, comprennent mon mutisme, et ils le respectent comme moi je ne cherche pas à percer leur silence. Nous ne sommes pas de véritables alcooliques avalant jour après jour des sommes considérables d'alcool, mais lorsque la soif nous dévore ou que l'odeur du vin que nos clients avalent durant les croisières en mer nous grise, alors nous devenons dangereux. Mais comme nous sommes tous atteints de ce virus, nous nous comprenons. Voilà pourquoi je demeure avec eux. Avant vous, Marc, je n'avais qu'eux pour copains. Maintenant, vous êtes là et je me sens plus fort.

— Es-tu encore hanté par ton passé ?

— Oui, Marc, parce que je fus un jour un homme respecté. Mais lorsque je me suis entêté à critiquer les enseignements de l'Église et à vouloir replacer les Évangiles dans leur contexte historique plutôt que dans leurs affabulations religieuses, je me suis brisé contre le mur de Rome.

— Mais, dit doucement Marc, Rome ne gère plus notre vie.

— Je fus croyant, Marc, et lorsque je fus mis au ban de la société catholique, j'en fus meurtri.

— Crois-tu encore ? demanda Marc.

— Je n'en sais rien, car je n'ai plus le courage de sonder mes convictions. Je les ai mises au placard des grandes philosophies et je tente de vivre loin de toute cette théologie qui, en nos temps de violence et de tempêtes, fait plus de mal que de bien.

— Et moi, enchaîna Marc en plaçant sa tête entre ses mains, je me demande si ce père que je n'ai jamais connu n'est pas mort pour rien. Aucune guerre ne se termine jamais ; elle se continue dans une autre. Regarde un peu ce qui se passe en Bosnie, au Rwanda et ailleurs. Avons-nous encore le droit de nous prétendre chrétiens ?

— Je n'en sais pas plus que vous, Marc, murmura François, mais j'ai cessé de regarder vers Rome pour comprendre le sens de la vie et de la mort...

Le voilier filait allègrement sur les vagues adoucies, le vent les portait et, petit à petit, ils trouvèrent une grande joie à vivre en ce moment, en ce jour, sous ce ciel et sur cette mer...

* * *

Marc tournait en rond. « Dois-je téléphoner à Mireille ? Et, si elle m'invite chez elle, serai-je capable de résister à mon besoin de la tenir dans mes bras ? » Mireille, de son côté, était aux prises avec les mêmes inquiétudes. « Si je lui téléphone, s'imaginera-t-il que je l'invite pour me donner à lui alors que j'ai refusé de l'aimer ici ? »

Marc entra dans sa maison et téléphona à Cap-à-l'Aigle. Trente minutes plus tard, il était assis à côté de François sur le pont du *Vent du large*.

— J'ai besoin de te parler. Voilà pourquoi je suis venu te retrouver.

— Pour aller en mer ?

— Non. Pour consoler Mireille des souvenirs douloureux de son passé, qui la tiennent à distance de moi. Je l'aime, j'en suis certain maintenant.

— Mais en quoi puis-je vous aider?

— En me louant ton bateau pour tout le temps qu'il me reste à séjourner ici. Tu dois encore une somme d'argent au propriétaire de ce voilier. Je paie ta dette et tu me cèdes ton voilier pour le reste de l'été. Il y a une marina à Saint-Joseph-de-la-Rive et, certains soirs, j'aimerais coucher à bord... La mer guérira Mireille de son passé encore douloureux, et moi je trouverai du bonheur à vivre dans mon présent.

François le regarda un long moment.

— Je dois encore trois mille dollars sur le *Vent du large*, et c'est trop vous demander pour sa location.

— François, être amis, ça veut dire s'entraider. En me laissant te parler de mon passé, tu me redonnes confiance en mon présent. Fais-mois ce cadeau.

Au bout de quelques minutes de discussion, François accepta le marché: il louerait son bateau pour le montant de sa dette, de sorte que, lorsque Marc le lui rendrait, il en deviendrait le propriétaire. Marc lui dit alors:

— Je vais téléphoner à Mireille pour lui proposer de se rendre à Saint-Joseph-de-la-Rive demain, et je l'emmènerai en mer avec moi. Mais maintenant, si tu veux, nous voguerons ensemble tous les deux et tu me donneras tes dernières instructions, mon capitaine.

Il se leva, salua François militairement, et se dirigea joyeusement vers une cabine téléphonique.

Ils revinrent tôt de leur balade en mer, et ils s'occupèrent ensuite d'astiquer, de frotter, de ranger tous les gréements du *Vent du large*. Marc était si heureux que François ne regrettait pas d'avoir accepté une si grosse somme d'argent de son nouvel ami. «Au fond, se disait-il, je l'aide à ma façon à faire la paix avec lui-même.»

Marc revint très tôt le lendemain matin, les bras chargés de tout ce qu'il désirait pour rendre la cabine plus attrayante aux yeux de Mireille: deux draps pour les banquettes, deux jolis coussins, des fleurs séchées pour fixer sur les murs, un petit frigo portatif. Il planta ses fanions à la proue et à la poupe du navire; le drapeau américain et le drapeau français l'identifiaient désormais comme capitaine, seul maître à bord après Dieu, du *Vent du large*.

François vint lui offrir une casquette de marin et reprit ce qui lui appartenait dans la cabine. En remontant sur le pont, il regarda Marc en souriant et lui dit:

— Vous avez évidemment bien préparé votre bonheur, et je vous le souhaite immense. Ne prenez aucune chance par grand vent; pas seulement pour mon bateau mais surtout pour rassurer votre Mireille...

Ce fut à son tour de saluer Marc et de s'éloigner sans regarder le *Vent du large* quitter la marina de Cap-à-l'Aigle.

* * *

Mireille s'était rendue, le cœur frémissant, au quai de Saint-Joseph-de-la-Rive. Le *Vent du large* allait bientôt entrer dans la rade et Mireille l'attendait en scrutant avidement la légère dentelle de brume qui se levait doucement devant elle. Tout à coup, elle aperçut, s'approchant du quai, le voilier éclairé de deux triangles bleus formés par la grande voile et le foc. À la barre, elle reconnut Marc qui lui faisait signe; il la salua militairement, gravement, avec un air respectueux qui l'émut.

Elle aussi avait revêtu ses atours de mer: pantalon blanc, chandail rayé bleu marine et blanc, et béret à la française. Le voilier s'étant placé le long du quai, Mireille lança à Marc un sac de provisions et un coupe-vent, puis son ami lui tendit la main pour l'aider à embarquer.

Une fois sur le pont, Marc et Mireille se regardèrent un peu timidement, puis, tout à coup redevenus deux amoureux, ils se jetèrent dans les bras l'un de l'autre. Marc ensuite s'empressa de baisser les deux voiles et dit:

— Madame mon bel amour, je suis capitaine sur ce navire et je vous fais mousse. Venez visiter notre château flottant.

Mireille lui donna la main, encore incertaine de pouvoir maîtriser sa démarche, et Marc lui ouvrit les battants de la cabine, mais demeura sur le pont, ne voulant d'aucune façon l'intimider. Elle remonta rapidement et lui dit:

— J'ai l'impression de vivre quelque chose de si beau, de si irréel, que je ne sais que dire.

— Alors, dit Marc, laissons la mer nous confier ce qu'elle attend de nous.

Il la fit asseoir à la proue, hissa les voiles, consolida les haubans et reprit la barre pour éloigner le bateau du quai et des autres marins qui avaient mis leurs voiliers au mouillage.

Silencieuse, un peu effarouchée par le roulis qui les berçait, elle se rapprocha de Marc et soupira:

— Je ne suis pas un très brave mousse, mais dans quelque temps je serai plus solide...

— Faites-moi confiance, Mireille, je ne veux en rien vous effrayer. François ne m'aurait pas loué ce bateau s'il avait douté de mes capacités de bien le piloter.

S'assoyant près d'elle, Marc l'entoura de son bras gauche et retint la barre avec la main droite. Ils se taisaient, engourdis par tant de silencieuse et mouvante beauté. Les mouettes semblaient pousser leurs cris aigus pour ajouter à leur enchantement. Sous le soleil de midi, la mer tournait au bleu, au gris, au mauve, et ses vagues dessinaient de grandes aquarelles que Manet n'eût pas reniées. Mireille avalait le paysage de ses beaux yeux verts, et Marc la sentait se détendre contre lui. Ils savaient tous les deux que leur amour allait éclater en bonheur ou se briser comme les vagues contre la coque du voilier.

Marc tout à coup laissa la barre et, se tournant vers Mireille, l'embrassa d'abord doucement, tendrement, puis soudain passionnément. Mireille lui répondit avec la même ferveur, la même passion, mais, encore novice à bord, elle se dégagea la première et posa sa main sur la barre. Marc la lui reprit; le vent fraîchissait et la faim commençait à les tenailler.

— Voulez-vous préparer notre repas dans la cabine? Nous le mangerons sur le pont si je réussis à trouver une crique pour jeter l'ancre.

Mireille aussitôt se leva et disparut à l'intérieur du bateau... Ils étaient encore timides mais, dans l'incroyable beauté moirée du silence qui les entourait, ils se savaient heureux, au bord d'un plus grand bonheur. Ni l'un ni l'autre, assagis par la vie, par des amours brisées, ne voulaient brusquer la langueur de leur première journée en mer. «Serions-nous trop sages?», se demandait Marc. «Vais-je enfin retrouver ma sûreté d'être?», se demandait Mireille en posant dans un panier des morceaux de poulet froid, une baguette, du fromage et une bouteille de vin blanc.

Mireille tenta de remonter avec leur déjeuner, mais Marc, qui avait jeté l'ancre, vint à son secours. Assis à la proue du *Vent du large*, protégés du soleil par l'ombre des voiles baissées, ils dégustèrent joyeusement, avec une gourmandise décuplée par le temps et le vent. Ils étaient tout simplement heureux, enfin détendus, amoureusement proches l'un de l'autre.

Une heure plus tard, comme Mireille ne remontait pas sur le pont après être allée ranger verres et assiettes, Marc descendit dans la cabine, et il la trouva allongée sur une des banquettes. Elle lui tendit les bras. Marc se dévêtit et s'allongea près d'elle, trop bouleversé pour parler. Ils s'aimèrent dans le silence de leur passion avec quelques gémissements de plaisir aux secondes de haute joie. Le *Vent du large*, solidement ancré dans une crique aux eaux calmes, les protégeait. Marc, tenant Mireille contre lui sur la banquette qui les contenait à peine, se mit doucement à parler:

— Depuis mon arrivée ici, je t'attendais, je te voulais, je te cherchais. Et te voilà contre moi, à moi, et moi en toi. Que de soirs fiévreux, à l'auberge et ensuite dans mon chalet, j'ai rêvé de toi!

— Je n'osais t'aimer, lui dit-elle en l'enlaçant pour le retenir contre elle. J'avais peur de me casser contre toi, de souffrir ou de me perdre trop totalement en toi pour être capable de continuer ma vie, mon métier, sans toi si tu partais...

Quelques minutes plus tard, ils s'endormirent. Soudain, une forte vague frappa le navire et ils furent projetés hors de la banquette. Ils tombèrent l'un sur l'autre. Sans prendre le temps de se vêtir, Marc sortit de la cabine et se hâta de manœuvrer le *Vent du large* pour ne pas le laisser danser sur les flots. Il attacha solidement les voiles, descendit rapidement pour passer ses vêtements et dit à Mireille, un peu étourdie par cette bourrasque inattendue:

— Dors, mon amour, dors. Je reviendrai quand la mer le permettra.

Il retourna sur le pont, pour savourer son nouveau bonheur. Mais Mireille bientôt le rejoignit.

— J'ai besoin de toi, dit-elle. Je te sens partout en moi, sur moi, et pour la première fois depuis des années...

Elle s'arrêta brusquement de parler.

— Le passé est révolu, Mireille; nous tenons un présent merveilleux, intense entre nos mains. Ne le laissons pas filer...

Mais le voilier filait doucement, paisiblement, sur la mer qui, les ayant rappelés à elle, berçait leur bonheur. Les mouettes, qui suivaient encore le bateau, se taisaient. Mireille et Marc, étroitement enlacés, les imitaient.

Il fallut rentrer, car Marc n'osait pas naviguer dans l'obscurité. Une fois le bateau solidement attaché au cabestan, Marc et Mireille se dirigèrent vers leurs voitures respectives.

— Je te suis, chérie? lui demanda-t-il.

Mireille le regarda un long moment et répondit, d'une voix tremblante:

— Pas tout de suite, cher, pas tout de suite. Laisse-moi savourer mon bonheur, l'apprivoiser, l'installer dans une maison qui...

Soudain ses yeux se remplirent de larmes. Marc avait compris.

— Oui, je te laisse. Non, non, affirma-t-il en constatant une inquiétude au-delà des larmes de Mireille, je ne suis pas vexé. Certes, un peu déçu; j'aurais aimé prolonger notre amour...

— Demain peut-être, dit-elle en lui souriant. Je ne veux pas encore noyer mes souvenirs dans notre mer. Oui, je t'aime, mais comment si vite me détourner du désamour d'un grand absent?

Marc la retint contre lui et dit:

— Je te téléphone dans la soirée?

— Merci... Oh! merci, mon beau capitaine...

Et rapidement elle mit sa voiture en marche. Marc, plus lentement, fit de même.

Ils se retrouvèrent seuls dans leur domicile, mais non esseulés. Chacun, encore frémissant de passion, se remémorait les moments merveilleux de la journée. Mireille ressentit alors brusquement la présence de Martin au moment où elle trouva un chandail de Marc oublié chez elle quelques jours auparavant. Elle demeura debout, le tricot contre sa joue, et ses yeux s'arrêtèrent sur une belle photo de Martin posée sur le manteau de la cheminée. Elle la prit dans sa main gauche et alla s'asseoir à sa table de travail.

«Martin, où que tu sois, écoute-moi: je t'aimerai toujours. Il y a eu entre nous trop de bonheur pour que je te raye de ma vie parce qu'un autre homme vient d'y entrer. Marc et moi sommes assez mûrs pour comprendre que les bonheurs tardifs sont profonds, vrais, intenses, mais qu'un grand amour de mai ne s'oublie pas facilement parce qu'un second nous possède. Tu es encore ici, et cette maison demeurera la nôtre. De cela, je suis convaincue, Martin. Je ne suis plus très jeune et notre passé continuera de baigner cette maison dans la joie que nous avons connue. Mais Marc est là; je me suis donnée à lui cet après-midi.

La sonnerie de son télécopieur la fit sursauter. Elle vit sortir doucement de la machine une feuille portant ces mots écrits à la main:

Je pense à toi avec beaucoup d'amour; je devine que tu dois te sentir un peu seule dans une maison où tant de souvenirs rôdent. Je ne suis pas un souvenir, Mireille; j'accepte les tiens. Alors, je t'en prie, mon grand amour de mer, ne laisse personne s'interposer entre toi et moi. Mais garde-moi dans notre présent. Jamais je ne fus si heureux dans ma vie bizarre. Je ne suis pas sans défauts, Mireille; un jour, qui sait, tu devras sans doute me pardonner quelques fautes. Je t'aime.

Marc

Mireille lut ce fax en souriant, puis elle prit son stylo.

Marc, tu es un souvenir depuis quelques heures. Un autre a habité mon coeur pendant vingt ans, et depuis cinq ans son visage me sourit. Chacun de vous a sa place dans une vie que tu viens de rendre si belle, si frémissante. Je renais en toi, à cause de toi. Moi non plus, Marc, je ne suis pas sans défauts. Mais nous tenterons, parce que nous sommes censés être sages, de nous accepter. Je fus si heureuse sur notre radeau d'amour.

Mireille

Marc lut le message télécopié, lui aussi avec un sourire. Il reprit son stylo et écrivit le message suivant:

```
J'ignorais qu'une machine pouvait devenir humaine quand ceux qui en usent racontent leur bonheur. Repose-toi en moi; je te retiendrai contre moi toute la nuit, et demain nous vivrons un nouveau jour. Je vais aller retrouver François pour le rassurer sur tes qualités de mousse, et demain, demain... Oh! Mireille, demain...

                                    Marc
```

Rassurée par ce fax imprégné de la présence de Marc, Mireille voulut ouvrir son ordinateur, mais ne le fit pas. Quelque chose la retenait. Elle savait en son for intérieur que Marc avait déjà pris la place de Pascal et elle en fut presque soulagée. «Plus tard, j'écrirai mon bonheur; ce soir, je le savoure, car je sens, Martin, que tu comprendras que pour me rassembler en une femme totale, complète, et pour redevenir une romancière productive, il me fallait vivre intensément mon présent. Ce que je n'ai pas fait depuis ton grand départ.

Une heure plus tard, Marc et François causaient joyeusement sur le pont d'un voilier que François astiquait avant de le louer à un client le lendemain.

— Ton *Vent du large* nous a apporté le bonheur; je me demandais tout à l'heure si je pouvais le partager avec toi.

François le regarda avec un sourire taquin et répondit, après avoir poussé un long soupir:

— Le bonheur ne fait pas partie de mon existence, Marc.

— Il pourrait te revenir si tu le souhaitais, si tu essayais...

De nouveau, François le regarda gravement.

— Marc, avez-vous déjà entendu parler d'un grand poète de chez nous qui habitait sur l'autre rive, là-bas, fit-il en pointant l'index vers Kamouraska, dans un village de rêve pour quelques-uns, de cauchemar pour lui? Il a écrit ces vers devenus célèbres: «Je marche à côté d'une joie / D'une joie qui n'est pas à moi / D'une joie que je ne puis pas prendre*». Moi aussi, je marche à côté de joies que je ne connaîtrai plus jamais.

— Tu t'enfermes dans ton désir d'alcool, au lieu de vivre sans ton alcool.

— La vertu, la sobriété, le courage sont faciles à conseiller pour ceux qui contrôlent leurs désirs, leur soif.

— Je n'ai rien dit de tel, fit observer Marc. Je veux t'aider, François, je suis ici ce soir pour que nous parlions. Oui, je me sens égoïste dans mon nouveau bonheur, mais je ne suis pas à ce point insensible aux souffrances d'un ami.

---

* Saint-Denys-Garneau, *Accompagnement.*

— Que voulez-vous que je fasse, Marc? Depuis des années, je me suis assumé et j'ai surtout assumé le poids terrible de ma détermination à me contrôler.

— Oui, de cela je suis conscient, comme je suis conscient que tu vis un peu en marge de nous tous... Moi, j'ai besoin de toi. Mon nouveau bonheur n'est pas à ce point solide et je risque de le perdre à la moindre querelle. Alors, comment me viendras-tu en aide si je ne sais pas où te trouver?

— Vous me chercherez comme votre Mireille cherche son Pascal.

Marc se leva et le toisa.

— Ne te mêle pas de cette histoire! lui jeta-t-il, furieux.

— Alors, ne vous mêlez plus de ma vie. Mais moi, Marc, dit-il rapidement en comprenant qu'il avait blessé son ami, moi, je serai toujours là pour vous. Vous ne me chercherez pas. Je vous dois une sécurité financière à laquelle je ne croyais plus. J'existe maintenant puisque je suis propriétaire du *Vent du large*, la seule chose au monde que je possède. Mon bateau, fit-il rêveusement. Vous ai-je assez dit merci?

— Oui, répondit Marc, déjà moins vexé. Tu as permis à mon amour de naître. Donc, mon vieux, lequel de nous deux en doit le plus à l'autre?

— Alors, fit François en souriant, inventons-nous une amitié et respectons l'intimité de l'autre, en nous faisant confiance mutuellement.

Les deux hommes se serrèrent affectueusement la main et se séparèrent.

De retour chez lui, Marc était songeur, un peu désemparé par sa conversation avec François et surtout irrité par l'absence de Mireille. Il s'approcha encore une fois du téléphone, mais choisit de lui envoyer un fax.

> Ma chérie, je viens de rentrer un peu fatigué par une conversation difficile avec François, que néanmoins je tiens à te présenter. Veux-tu me téléphoner demain matin à la première heure, pour me dire si tu viendras me retrouver au quai de Saint-Joseph-de-la-Rive? Si tu ne veux pas retourner en mer avec moi, nous demeurerons au mouillage, mais au moins nous serons ensemble. Et pourquoi ne le sommes-nous pas ce soir?
>
> Marc

Le télécopieur demeura muet, mais la mer chantait de ses vents et les vagues se fracassaient sur les grands rochers bordant le rivage. Marc regardait autour de lui. «Non, vraiment, se disait-il, Mireille ne serait pas heureuse ici, même si je dépensais une fortune pour redécorer la maison. Certes, le paysage est unique, majestueux, mais notre amour ne peut se nourrir uniquement d'eau salée.» Il ouvrit son ordinateur portable, prit place à sa table de travail, introduisit une disquette, rappela un fichier, puis brusquement referma l'appareil. «Comment lui dire ma vérité?», se demanda-t-il.

Un fax lui arrivait. «Enfin, se dit-il, Mireille me répond.» Il se pencha au-dessus de la machine et lut, en fronçant les sourcils.

> Le réalisateur a décidé de surseoir au tournage de ton film, faute d'une réponse précise de ta chère Mireille à notre offre. Tant pis pour toi et pour nous.
>
> Pascale

«Je n'ai pas plus pensé à ce film que Mireille a dû songer au sien, se dit Marc. Nous avons vécu pour nous deux.»

Un autre fax arriva.

> Oui, je devrais être près de toi ce soir, mais il est tard et je suis moi aussi très fatiguée. Un peu déçue. Un téléphone de mon éditeur m'a prévenue que le scénario de mon roman ne sera pas prêt pour l'automne. Alors, si tu veux de moi pour le tien, je suis libre. Sinon, il me faudra travailler à mon nouveau roman. Je suis forcée de revenir à mon écriture, mais pas demain. Je me rendrai au quai vers onze heures trente.
>
> Mireille

Après l'avoir lu, Marc le froissa et le jeta rageusement dans la corbeille à papier. «Non, je ne lui téléphonerai pas. Nous serions tendus tous les deux, et notre bonheur est trop récent pour l'appesantir par nos contrariétés d'écrivains. Dans quelle voie nous dirigeons-nous?»

Le lendemain, Marc se hâta de monter à bord du voilier afin de tout préparer, de ranger ce qu'ils avaient oublié après leurs heures de bonheur. Cette fois, il était moins nerveux. «Si Mireille ne veut pas retourner en mer, ce bateau doit paraître le plus séduisant possible à ses yeux, et moi aussi», se dit-il en se regardant dans la petite glace accrochée au mur de la cabine. Il redressa la banquette, et, en touchant au léger matelas, il comprit que le désir de Mireille le tenaillait. «Pourvu qu'elle réagisse de la même façon...» Tout à coup, il l'entendit dire:

— Marc, Marc, je suis là! Aide-moi à monter à bord!

Il se précipita hors de la cabine. Mireille était resplendissante, toute de blanc vêtue, jeans, blouse ample et chandail, plus le coupe-vent rouge. «Donc, se convainquit Marc en l'aidant à prendre pied sur l'étroit pont du voilier, nous irons en mer, sinon pourquoi aurait-elle apporté son coupe-vent?» Il l'enlaça, faisant fi des touristes qui, sur le quai, les regardaient en souriant. Plus timide, Mireille se dégagea rapidement et descendit dans la cabine. Au moment où Marc se préparait à la rejoindre, elle remonta sur le pont. Un peu déçu, il dit, en montrant la cabine:

— Tu ne veux pas demeurer là avec moi ?

Un peu gênée mais souriante, elle répondit :

— Pas tout de suite, et pas ici.

— Il me semble avoir déjà entendu ces mots, fit Marc, taquin.

— Oui, et je ne suis pas encore rassurée.

— Sur moi ? demanda-t-il, inquiet.

— Non, sur moi, à cause du souvenir de Martin en moi. Ai-je trahi quelque chose de ce bonheur dont je me suis nourrie depuis sa mort ?

Marc la regarda longuement.

— Es-tu enchaînée à ton passé, Mireille ?

— Je l'ignore, car jusqu'à ton arrivée dans ma vie et dans mes bras, je vivais uniquement de mes souvenirs. Martin est encore dans notre maison. Je sens sa présence, malgré son absence.

— Mais il n'est pas sur ce bateau, répliqua Marc un peu sèchement.

— Non, il n'est pas ici, et je me demande maintenant si je vais moi-même y demeurer. Essaie de comprendre, Marc.

— Je comprends surtout que j'ai envie de toi, envie de te reprendre contre moi, de me déchirer en toi. Notre radeau nous attend... Mettons les voiles et filons vers notre anse de bonheur.

Mireille prit place près de lui.

— Marc, éloignons-nous de ce quai. J'ai besoin de te parler.

Marc se leva, le visage fermé, remonta l'ancre et dirigea le voilier vers une crique, des centaines de vagues plus loin.

Se tournant vers Mireille, il lui demanda:

— Faut-il mouiller ici, madame?

— Oui, quelques instants. Marc, détends-toi. Je ne cherche pas à me sauver de toi, mais à nous assurer un avenir. Le bail de ta maison de L'Anse-au-Sac se termine dans quinze jours. Moi, je quitterai Les Éboulements dans un mois.

— Pour venir me retrouver à Boston? demanda-t-il en souriant.

— Non, Marc. Pour rentrer à Montréal, renouer avec mon écriture, rencontrer mon éditeur afin de savoir pourquoi le scénario de mon film est en retard.

— Le mien ne sera pas tourné, dit Marc. Pascale m'a faxé cette nouvelle hier soir. Tu ne trouves pas que la vie nous rassemble... ? Puisque rien ne te retient à Montréal, viens vivre à Boston avec moi.

— Et pourquoi ce ne serait pas toi qui viendrais vivre près de moi dans mon pays, dans ma ville? demanda-t-elle à son tour, un peu brusquement.

Il fixa solidement la barre et se leva en lui tournant le dos.

— J'ai un métier à Boston. Tu le sais, Mireille.

— Comme toi tu sais que ma résidence principale n'est ni ici ni à Boston, mais dans un milieu que je connais, que j'aime et qui me le rend bien.

— Et moi, alors? jeta Marc, visiblement en colère. J'abandonnerais ma profession? Et pour faire quoi? Je ne suis pas à l'âge de la retraite.

— Je le sais et je respecte ton travail. Respecte donc le mien aussi, je t'en prie.

— Alors, on fait quoi?

— On pense à nous.

— Tu as des suggestions?

Mireille soupira et elle se leva pour mettre ses deux bras autour de la taille de Marc. Elle appuya sa tête sur son dos et dit doucement, avec une tendresse infinie:

— Nous acceptons notre réalité, mon amour. Si nous forçons le hasard qui nous a réunis, si nous ne respectons pas nos obligations, nos existences individuelles, nous nous briserons l'un sur l'autre. Non, non, Marc, ne te retourne pas, écoute-moi encore un moment. Oui, je t'aime, mais je ne sais finalement pas grand-chose de toi, de ta vie aux États-Unis, de tes amis, pas plus d'ailleurs que tu ne connais quoi que ce soit à ma vie professionnelle. Je suis écrivain, oui, mais aussi conférencière, critique à la télévision et à la radio; car, à cause de nos amis mutuels, j'ai un peu remplacé Martin dans certaines émissions. Je ne peux décevoir tous ceux et celles qui comptent sur moi.

— Alors, tu te contenteras de me décevoir, moi? Drôle d'amour, en vérité.

— Non, pas drôle du tout, Marc, mais vrai et exigeant de nous le respect de ce que nous sommes.

— Et ça veut dire quoi, cette belle phrase?

— Que je serai toujours libre pour toi quand tu viendras à Montréal, comme j'espère que tu le seras pour moi lorsque je me rendrai à Boston.

— Une liaison à distance...

— Une de mes illustres collègues, partie elle aussi depuis des années, aurait dit: des bonheurs d'occasion et des occasions de bonheur.

— Et il te suffira de me voir une fois de temps en temps...

— Non, il ne me suffira pas de te voir une fois de temps en temps, mais il vaut mieux espacer les jours de bonheur que de les risquer dans un tête-à-tête permanent qui nous briserait. Nous sommes trop différents, trop âgés maintenant pour nous emprisonner ensemble dans le quotidien, reniant de ce fait notre passé, notre présent et notre métier. Notre bonheur sera vivant, un peu espacé, hélas, mais solide... Et puis, Marc, ce sont nos télécopieurs qui nous ont présentés l'un à l'autre; ils nous relieront toujours, sois-en certain. Et n'es-tu pas, mon amour d'amour, un maître en communication?

Elle retourna s'asseoir à la proue et poursuivit, la voix un peu émue:

— Et maintenant, mon capitaine, mettons les voiles vers notre anse de bonheur. Marc, prenons le temps du temps...

Marc hissa les voiles et, la regardant, lui dit:

— Tu es forte, sage hélas, mais moi je t'aime sans sagesse. Tant pis pour toi, fit-il en riant.

Le *Vent du large* filait sur les flots et tous les deux étaient de nouveau éperdus de bonheur.

* * *

Avant de rejoindre Mireille dans la cabine, Marc avait solidement amarré la barre du *Vent du large* avec deux câbles enroulés autour de treuils situés à gauche et à droite du pont arrière. L'anse dans laquelle mouillait le voilier était calme, presque sans vent, comme pour leur faciliter des heures de passion. Ils s'aimèrent doucement, puis passionnément et avec quelque chose d'un peu violent, comme si Marc cherchait à s'emparer du corps de Mireille pour la posséder de tout son être. Insensibles au roulis comme au vent qui fraîchissait, Mireille et Marc passaient d'une étreinte à une autre et leurs corps répondaient aux caresses dont ils ne parvenaient pas à tarir la source. Les heures filaient. Soudain, le hurlement d'une corne de brume les fit sursauter. Marc bondit hors de la cabine et se retrouva dans un brouillard épais qui confondait mer et terre dans une même immensité blanche. Il détacha la corne de brume du mât auquel elle était fixée et répondit au vaisseau fantôme qui l'avertissait du danger qui les menaçait.

La voix de François, décuplée par un mégaphone, lui criait:

— Baissez la misaine, attachez le câble que je vous lance autour du mât. Je vous remorquerai vers Saint-Joseph-de-la-Rive. J'ai un bateau à moteur.

Marc se hâtait en criant à Mireille:

— Viens tenir la barre! Ne crains rien: François connaît le sens du courant et la direction du vent.

Mireille monta sur le pont et lui tendit un pantalon, un chandail et un ciré. Pâle, effrayée de ne rien voir, de ne pas savoir où était la terre et surtout de ne plus se raccrocher au mât se perdant dans la brume, elle dit:

— Marc, j'ai peur...

— De quoi, puisque François est là?

— On ne voit rien.

— Mais lui voit tout et moi aussi. Il suffit de regarder la crête des vagues et d'observer la direction du vent.

Tout en parlant, il attacha solidement le câble au bas du mât et revint barrer pour placer le *Vent du large* dans le sillage du bateau de François.

Il prit Mireille contre lui en disant:

— Nous ne sommes pas en danger. Regarde, Mireille, notre voilier bouge; donc, François nous tire. Je me demande comment il nous a repérés.

Il entendit de nouveau une corne de brume, puis d'autres dont les longues plaintes annonçaient la présence de plusieurs bateaux dans les parages. Il enseigna à Mireille comment activer la leur. Et, dans le chant rauque des cornes de brume, les deux bateaux rattachés l'un à l'autre s'avancèrent le long de la côte. Puis, aussi brusquement que le brouillard les avait effrayés, le soleil le perça, à quelques mètres de la marina. François amarra son bateau et s'empressa, le visage fermé, d'attacher le *Vent du large* au cabestan avec le câble que lui lança Marc. Et, sans plus d'invitation, il sauta à bord.

— Si je ne vous avais pas repérés en promenant mes clients devant L'Anse-au-Sac pour leur montrer le village, vous vous seriez sans doute perdus en mer. Je vous croyais plus prudent, Marc. Risquer par amour, dit-il furieusement, de noyer votre amour n'est pas digne de l'homme prudent qui se vantait de savoir maîtriser mon voilier.

Mireille ne disait rien, sachant que François voyait au-delà de leur imprudence amoureuse une maladresse impardonnable de la part de Marc.

Marc tenta de se justifier :

— Lorsque j'ai immobilisé le *Vent du large* dans une anse calme aux eaux sereines, le soleil brillait. Comment deviner que, quelques heures plus tard, nous serions enveloppés dans un orage ? Et puis qui te dit, François, que je n'aurais pas été capable de conduire le voilier ici ? Il y a de la brume, des tempêtes dans le Massachusetts, je suis rompu aux intempéries de la nature.

— Les courants, les vents, les rochers dont tu ignores la présence auraient menacé votre sécurité et celle de mon bateau.

— Car, et cela s'entend, tu étais plus inquiet de ton bateau que de la sécurité de Mireille.

Celle-ci affronta Marc.

— S'il te faut avoir raison pour notre imprudence contre la sagesse de François, fit-elle durement, tu n'es pas l'homme en lequel je crois. Oui, François — permettez-moi d'utiliser votre prénom —, nous avons été imprudents. Le bonheur nous a rendus égoïstes, pardonnez-nous.

— Madame...

Elle l'interrompit vivement:

— Je m'appelle Mireille.

— Merci. J'ai été un peu brusque avec Marc, car si je n'avais pas su où il avait arrêté le voilier, vous auriez mis du temps à revenir à la rade. Je ne doute en rien de vos capacités de navigateur, Marc, mais la mer du Massachusetts et celle de Charlevoix sont différentes. Ce ne sont pas les vagues qui mettent en danger nos bateaux, ici; ce sont le vent brusque, les bourrasques imprévisibles, les courants contradictoires, la brume soudaine, les roches sous-marines. Et parfois l'affluence des voiliers de plaisance complique la navigation.

Marc ne disait rien; il gardait un visage fermé, et il se rendit le premier sur la passerelle de la marina. Mireille le regarda partir un peu interloquée, et, se tournant vers François, elle l'invita chez elle, «histoire, lui dit-elle, de nous réchauffer autour d'un feu, d'un café et d'une amitié».

— Surtout, ajouta-t-elle en percevant l'hésitation de François, ne me punissez pas de notre folie...

Vingt minutes plus tard, Marc, à la demande de Mireille, avait allumé un feu qui fleurait le varech, les foins salés et l'oseille séchée. Mireille leur offrit du café et des biscuits, et, regardant Marc, elle lui dit avec sévérité :

— Marc, nous avons eu tort de faire passer notre bonheur avant notre sécurité. Avouons notre merveilleuse faute, poursuivit-elle en riant, et causons encore quelques instants.

Marc la regarda avec un sourire et dit à François :

— De nous deux, Mireille est la plus lucide, la plus honnête. Excuse ma fierté de navigateur pris en défaut, et si tu as perdu confiance en moi, reprends ton bateau.

— Il faut parfois endurer les leçons de la vie avant de la comprendre et de l'accepter. Vous avez loué le bateau ; si vous avez la confiance de madame... pardon... de Mireille, pourquoi vous retirerais-je la mienne ? Entre l'erreur et l'ignorance, il y a tout un océan, fit-il en riant.

Il se leva et poursuivit :

— Un de mes copains habite dans une petite grange qu'il a lui-même transformée en chalet. Il me ramènera à Cap-à-l'Aigle...

Il les salua, tendit une main généreuse à Marc et quitta la résidence de Mireille à l'instant même où grandissait dans le ciel gris et rose un arc-en-ciel dont les sept couleurs semblaient répandre la tranquillité sur leurs têtes. Le soleil couchant creva les nuages, assécha la brume et rendit au paysage ses mille reflets, ses ombres et ses lumières. La mer s'endormirait bientôt sous la chaleur d'une brunante apaisée.

Dès que François eut refermé la porte derrière lui, un silence tomba entre Mireille et Marc, tous deux mal à l'aise, subitement gênés que leur intimité ait été si brusquement interrompue par des forces dont ni l'un ni l'autre n'étaient responsables.

— Le brouillard ne nous a pas aidés, Mireille ; j'ai encore en moi ce désir de toi qui me dévore.

— Moi, j'ai une certaine rage de toi qui me dévore.

— Et pourquoi ?

— Parce que tu as blessé notre ami sans même songer à le remercier de nous avoir sauvés.

— Sauvés ? Mais de quoi ? C'est toi, le mousse à bord, dit-il en riant, et moi je suis le capitaine.

— Un capitaine qui ne connaît ni nos côtes, ni nos vents, ni nos fortes marées. Cette mer est un fleuve, Marc, et il est logique que François y navigue mieux que toi. Qui sait où nous serions en ce moment s'il ne nous avait pas ramenés ici ?

— Sans lui, tu serais encore dans mes bras.

— Et si le voilier s'était fracassé sur les récifs ? demanda Mireille, vexée par son outrecuidance.

— Nous aurions nagé ; je sais relever un bateau et je t'aurais sauvée.

— Qui sait ? Le bonheur est fragile, Marc, et au lieu de nous disputer et de pester contre ton ami accouru généreusement à notre secours, nous ferions mieux de l'inviter à dîner ici demain soir.

— Et bien sûr, rétorqua Marc, tu comptes sur moi pour aller le chercher et ensuite pour le reconduire. Donc, je deviendrai le chauffeur de monsieur...

Mireille le regarda et haussa les épaules.

— Y a-t-il quelque chose que je fasse bien ? lui demanda-t-il, rageur.

— Oui. L'amour.

Et elle lui tendit les bras.

À son tour, Marc la regarda en silence.

— Pas ici, et pas maintenant.

Et il tourna les talons devant une Mireille soudainement blessée.

— Pourquoi es-tu si méchant avec moi ?

— Parce que j'ai envie de toi et que dans cette maison notre amour n'a pas sa place.

— Marc, je croyais que tu comprenais mon désarroi devant mon nouveau bonheur.

— Et moi je croyais que ce nouveau bonheur, comme tu dis, avait remplacé l'ancien...

— Tu n'as pas le droit de me parler ainsi.

— Non, en effet, je n'ai pas encore acquis ce droit, et je commence à comprendre que jamais tu ne seras vraiment à moi. *You will never cross the line*.

— Veux-tu m'emmener chez toi ce soir? demanda-t-elle doucement.

— Pas ce soir, lui répondit-il avec un sourire voilé de tristesse. Je ne suis pas encore assez vrai pour toi. Je viendrai te chercher tôt demain matin.

— Pour aller en mer? demanda Mireille, un peu effrayée.

— Non. Pour repérer des terres inconnues. Ne me laisse pas, Mireille, *don't let go*.

— Et pourtant, c'est toi ce soir qui me laisses...

Mais Marc était déjà parti.

* * *

Lorsque Marc, qui avait conduit sa voiture avec colère et à une vitesse dangereuse, arriva chez lui à L'Anse-au-Sac, une moto l'attendait. François était accoudé au guéridon. Marc eut un mouvement de colère en le voyant. «Bon, se dit-il, une autre scène à venir...»

François rangea sa moto contre un arbre.

— Je vous dérange? demanda-t-il.

— Non, mais j'ai déjà été de meilleure humeur.

— Voilà pourquoi j'ai osé venir chez vous. Nous devons parler, Marc. J'ai été un peu brusque avec vous. S'il vous plaît, Marc, essayez de comprendre. Vous avez des biens, des maisons, un métier rémunérateur. Moi, j'ai pour tout avoir mon bateau, grâce à vous, et une vieille moto, grâce à Fabrice, je vous l'ai déjà dit. Donc, lorsque je pressens que mes biens sont en danger, je perds les pédales, comme on dit.

— Mais tu as supposé que le *Vent du large* était en péril sans croire un instant que j'allais le mener à bon port. Je ne suis pas un novice en matière de navigation. Mon voilier est un catamaran, et lorsque je file sur l'Atlantique au large de Boston, crois-moi, François, je vois autre chose que vos gentilles petites vagues. Je t'avoue que je n'ai pas craint grand-chose pour ton bateau.

— Et pour la vie de votre Mireille non plus?

— Fiche-moi la paix avec Mireille. Je l'aime. Comment peux-tu croire que volontairement je la mettrais en danger? Seulement, depuis ton intervention, je crains qu'elle ne veuille plus aller en mer avec moi.

— Je la rassurerai, fit François.

— Surtout pas, répliqua Marc. Mais demain soir elle t'invite à dîner. Elle souhaite mieux te connaître.

— Je ne suis pas de votre classe sociale, Marc, et il y a si longtemps que je bouffe seul ou avec mes copains assoiffés que j'ai peur d'avoir perdu mes bonnes manières. Je vous ferai honte. Mais si ma présence et l'expression de ma confiance en vous pouvaient la convaincre de retourner en mer avec vous, alors soit, j'irai chez elle. Mais soyez indulgent pour mes mauvaises manières, tous les deux.

— Ton bateau, c'est notre maison du bonheur. Elle ne me veut pas chez elle à cause de son mari décédé depuis cinq ans.

— Ses souvenirs doivent la culpabiliser. Comme les miens le font...

Ils entrèrent dans la maison et Marc prépara du café, puis, se tournant vers son ami, il lui demanda:

— Si je me sers de l'alcool, est-ce que...

— Non, Marc, cela ne me rendra pas ivrogne. S'il fallait que je boive quand mes clients ont soif, je redeviendrais vite alcoolique. Ils ne sont pas tous aussi aimables que vous. La plupart montent à bord avec des bouteilles, et si je leur refuse cette douceur, ils cherchent un autre navigateur. Or, j'ai plus besoin d'argent que d'alcool, et je les laisse donc libres. Au fond, ils ont raison. Pourquoi seraient-ils forcés de me protéger contre mon alcoolisme?

Marc leva son verre, avala une gorgée et dit:

— À notre amitié, et je te prie d'excuser ma colère envers toi. Je n'aime pas beaucoup perdre la face devant la femme que j'aime. Et Mireille me reprochait tout à l'heure de ne pas t'avoir remercié de nous avoir sauvés.

— «Sauver» est peut-être un bien grand mot, mais au moins je vous ai prévenus que le brouillard vous enveloppait.

— Et le brouillard m'enferme encore dans mes mensonges, dit Marc en se versant un deuxième verre d'alcool.

— Quand vous parlez de vos mensonges, Marc, malgré notre amitié, je ne sais pas à quoi vous faites allusion. Au fond, vous ne dites rien de ce qui vous trouble face à Mireille. J'en conclus que vous aussi cachez votre vérité à la femme que vous aimez.

— Si je lui dis la vérité, elle me quittera.

— Si jamais elle l'apprend par d'autres, elle vous quittera sûrement.

— François, supplia Marc, aide-moi, aide-moi.

— Mais comment, puisque je ne sais pas de quoi vous parlez et ce que vous lui cachez? Pourquoi n'êtes-vous pas aussi franc avec moi que je le fus avec vous?

* * *

Mireille piétinait dans son salon, tourneboulée par ses pensées, sa crainte de perdre Marc et de ne plus le comprendre. Vidée par les émotions de sa passion et la peur ressentie sur le *Vent du large*, elle s'interrogeait.

«Pourquoi Marc n'a-t-il pas voulu de moi chez lui? Pourquoi cette colère contre François? Pourquoi s'est-il dressé ainsi contre celui qui nous avait protégés? De temps en temps, je flaire un mystère chez lui. Plus je me rapproche de lui, moins je le connais... Où allons-nous, tous les deux?»

Et, comme à chaque fois que Mireille se débattait dans une crise intérieure ou existentielle, elle se tourna vers Mélissa Arnoud, sa meilleure amie et confidente.

> Nous avons failli nous perdre en mer à cause du brouillard. Nous étions couchés dans la cabine sans nous soucier du temps. Un ami de Marc est

venu nous remorquer jusqu'au quai. Marc a très mal accepté son aide. Je pressens quelque chose en lui qui me fait peur. Je l'aime, nous sommes bien ensemble; mais que me reste-t-il à apprendre de lui et sur lui? Dois-je forcer ses confidences, attendre qu'il se livre, le quitter? Je ne sais plus où aller. Je ne pense même plus à écrire, tant il prend de place dans ma vie. Je voudrais tellement que tu le connaisses. Viens vivre près de moi durant quelques jours. J'ai besoin de ta sagesse.

Mireille

* * *

François était debout devant Marc écroulé sur une chaise, sa tête cachée dans ses mains.

— Ce que vous lui cachez, Marc, est à mon avis une faute très grave. Je connais enfin votre trahison face à la Mireille que vous aimez. Avez-vous le droit de la tromper en abusant de sa foi en vous?

— De quel droit me parles-tu ainsi?

— De celui que votre amitié m'accorde. Marc, pour votre paix intérieure, confessez-lui enfin votre tricherie.

Marc releva la tête et lui jeta, amer:

— Tu as de ces mots!

— Je parle en homme à un homme qui a perdu sa dignité.

Marc se leva, regarda François dans les yeux et lui dit sèchement :

— Je passerai te chercher à Cap-à-l'Aigle vers dix-sept heures.

— Inutile, fit François. Je suis capable de conduire ma moto. À demain...

* * *

Mireille avait retardé l'heure de leur départ pour les terres inconnues dont Marc lui avait parlé la veille.

— J'attends, lui dit-elle, une réponse de Mélissa à mon invitation de séjourner ici quelques jours.

— Ici ? Mais que deviendrai-je, moi ?

— Tu demeureras ce que tu es, mon amour.

— Une sorte de ménage à trois ? fit-il, ironique.

— Non. Une rencontre agréable pour toi et pour moi. Je te connais depuis quelques semaines seulement ; Mélissa est ma meilleure amie depuis vingt ans. Je n'ai rien à lui cacher. Et le jour où tu m'as faxé ton désir de m'aider à retrouver Pascal, Mélissa m'a conseillé d'aller te rencontrer à Québec.

— Alors, pourquoi l'as-tu invitée ici et en ce moment ?

— Marc, ne me pose pas trop de questions. Si, dans quinze minutes, Mélissa n'a pas répondu à mon invitation, nous partirons...

Et ils partirent, quinze minutes plus tard.

Toute la journée, Mireille demeura collée à Marc, ravie de l'aider à découvrir une des régions «les plus belles du monde», avait-elle précisé. Et ils allèrent, heureux, le long de la côte, des Éboulements à Tadoussac. Cependant, leur entente semblait à Mireille plus amicale qu'amoureuse. Que de fois, le long de la route, n'avait-elle pas souhaité que Marc arrête la voiture, pour leur permettre une heure d'amour dans les sous-bois déserts mais odorants! Marc demeurait silencieux, attentif à son confort, mais un peu distant. «Quelque chose le trouble», se disait Mireille, mais elle n'osait pas briser leur quiétude. Lorsque, un peu las de leur randonnée devant une mer qui, au tournant de la route, se cachait, puis se découvrait en haut d'une pente pour s'offrir bleue, calme ou agitée à leurs yeux éblouis, ils arrivèrent à la maison de Mireille, François les attendait. Confuse du retard, Mireille s'excusa et rapidement se dirigea vers la cuisine en lançant à Marc:

— Chéri, occupe-toi de notre invité.

Les deux hommes se versèrent à boire, whisky pour Marc et Perrier pour François, et ils allèrent s'asseoir sur la galerie. Un silence lourd, vaguement agressif les isolait dans un mutisme entêté qui n'était pas sans inquiéter Marc. François posa son verre sur une table et lui dit doucement:

— Ne vous inquiétez pas; votre secret est aussi le mien, mais...

Mireille vint les retrouver.

— Marc vous a-t-il dit ma gratitude pour votre aide hier?

— Oui, répondit François en souriant.

— Non, fit Marc, je ne lui ai rien dit de tel.

— Alors, continua Mireille en faisant mine de ne pas constater le mur invisible mais combien épais qui semblait séparer les deux hommes, je vous dis merci, François. Mais parlez-moi un peu de vous. Je vous connais si peu.

François se leva et dit rapidement:

— Marc vous a révélé, et je lui en suis reconnaissant, que je suis tenté par l'alcoolisme. Je contrôle ma soif depuis la mort d'un de mes meilleurs amis.

— Il vous faut un grand courage, François, pour accepter votre vérité et la vivre debout, rétorqua Mireille.

— Il faut du courage à tous les humains, Mireille, pour vivre selon leur vérité.

— Oui, reprit vivement Marc avec chaleur, mais tu es un homme courageux. Parce que, poursuivit-il en regardant Mireille, je ne suis pas un homme de courage, moi. Je suis un faible, qui a un faible pour toi...

Mireille sourit et les invita à passer à table.

* * *

Le dîner fut animé, mais la conversation avait lieu surtout entre Mireille et François. Marc écoutait d'une oreille distraite, étant préoccupé par ce qu'il devait apprendre à Mireille. Puis, subitement, il se mit à regarder attentivement François, qui n'était pas, ce soir-là, tout à fait le même. Il réalisa que ses cheveux étaient plus courts, que sa barbe était taillée, que ses vêtements étaient élégants, sans pour autant être luxueux. Son attitude l'intriguait. Devant Mireille, il paraissait plus sûr de lui, et lorsqu'il lui dit avoir lu tous ses livres, Marc fut étonné. François s'était donc donné la peine de se procurer les livres de Mireille et de les lire.

— Vous lisez beaucoup, François ? demanda Mireille, ravie de se savoir lue par lui.

— Oui, mais uniquement les ouvrages que je trouve au Centre culturel de Cap-à-l'Aigle. Autrefois, je possédais une bibliothèque bien remplie, mais maintenant, mon livre, c'est mon bateau.

— Tu devrais écrire l'histoire de la mer, suggéra Marc.

— Je n'oserais plus écrire aujourd'hui.

— Car, fit Mireille surprise, vous avez déjà écrit ?

— Oui, il y a des années, fit-il, visiblement mal à l'aise.

— Et sous quel nom ? demanda Marc, étonné.

— Le mien.

— Tu as signé François et c'est tout ?

— Non, répondit-il, légèrement vexé. Même si ici personne ne se soucie de mon nom de famille, j'en ai un comme tout le monde.

— Et c'est quoi ? dit Mireille gentiment.

— Durantel.

Marc ne sourcilla pas, mais Mireille, elle, faillit s'étouffer.

— Durantel ? L'auteur de *De Nazareth à Rome* ?

— Oui, Mireille, hélas ! répondit François.

— Mireille, fit Marc, pourquoi sembles-tu à ce point étonnée ? De quel type d'ouvrage s'agit-il ? Et pourquoi, poursuivit-il en regardant François, ne m'as-tu jamais parlé de ce côté de ta vie ?

— Pourquoi ne m'avez-vous jamais demandé mon nom ?

— Mais, dit Mireille, ce livre a été lu par un très large public, et non seulement au Québec, mais un peu partout dans le monde.

— Et interdit par Rome. Je devins un homme soupçonné des pires intentions.

— De quoi parlais-tu ? demanda Marc.

— De l'écart entre l'homme de Nazareth et les hommes de Rome. Mais, si vous permettez, parlons d'autre chose. Ce livre a brisé ma vie.

— J'ai lu et relu ce livre, affirma Mireille. Il m'a bouleversée par sa profondeur de pensée. Je viens de terminer l'ouvrage de Jacques Duquesne* sur Jésus. Vous aviez pressenti tout ce que cet écrivain vient de nous révéler. Le livre de Duquesne va plus loin que le vôtre.

---

* *Jésus*, Desclée de Brouwer/Flammarion, 1994.

— Mais, répondit François douloureusement, l'Église a tous les pouvoirs contre ceux qui osent contester ses principes.

— Si tu as écrit un best-seller, pourquoi diable es-tu si démuni ? enchaîna Marc.

— Je ne l'ai pas toujours été. J'ai d'abord remboursé à mes parents, qui n'étaient pas riches mais pas pauvres non plus, la somme qu'ils m'avaient prêtée pour me permettre de séjourner durant un an en Israël et en Italie. Et, admit-il piteusement, j'ai bu le reste.

Un silence tomba entre eux. Marc et Mireille voulaient mieux comprendre l'homme qui se cachait derrière le François qu'ils connaissaient, mais ils n'osaient trop insister, voyant la souffrance qui se lisait sur le visage émacié de leur ami. « Il ressemble à un Greco », se disait Mireille.

— Qui vous a poussé à boire ? osa-t-elle lui demander.

— J'étais prêtre à cette époque, et j'enseignais la théologie à l'université de Montréal. Après la publication de mon livre, je me suis heurté à une telle intolérance de la part de l'Église, en particulier de mes supérieurs ecclésiastiques, que je décidai de défroquer. Ce fut une expérience très difficile. Une métamorphose que j'avais choisie, certes, mais dont je n'avais pas mesuré toute la profondeur. Je devenais un laïc aux yeux de tous, mais mon âme restait celle d'un prêtre. Je ne savais plus qui j'étais et ma vie me semblait sans but. J'ai perdu pied. J'ai abandonné l'enseignement et j'ai bourlingué un peu partout tant que j'ai reçu des droits d'auteur pour mon livre. Plus il était décrié par l'Église, plus il était lu, et plus je me sentais coupable. Je me suis ancré ici, je ne sais pourquoi. Sans doute parce que la mer m'attirait. Mon père était pilote sur le fleuve et toute mon enfance fut baignée par des récits de mer et de bateaux. Ma mère aussi aimait ce fleuve, mais elle me pardonna mal de m'être dressé contre ses propres principes religieux. Son chagrin et sa déception s'ajoutèrent à mes remords. Voilà tout ce qui fit de moi cette loque humaine que je suis devenu.

— Ne parlez pas ainsi, François. J'ai une admiration sans borne pour l'écrivain et le philosophe que votre livre m'a révélé.

— Et moi, dit Marc, je suis curieux de te lire.

Mireille se leva, marcha vers sa bibliothèque et revint en tendant à Marc un livre défraîchi.

— Non, non ! dit François, je ne veux pas que vous me lisiez.

— Un livre n'appartient plus à son auteur une fois publié ; il devient la propriété de ses lecteurs. J'ai appris cette leçon il y a des années, dit Mireille doucement.

— Et moi aussi je l'ai appris, et durement, reprit Marc. Nos lecteurs ne lisent pas toujours ce que nous avons écrit, mais ce qu'ils imaginent derrière notre écriture.

— Allons dehors, la nuit est belle, suggéra Mireille pour briser la tension entre Marc, François et elle.

La sonnerie du télécopieur retentit. Mireille se rendit devant l'appareil et attendit le fax. Elle le lut rapidement et dit à Marc:

— Mélissa m'annonce sa visite pour le début de la semaine prochaine. Quelle joie! Quelle joie!

— Quel emmerdement! jeta Marc, furieux.

François les regarda tous les deux et s'en alla rapidement sur la galerie. Mireille et Marc le suivirent en silence. Visiblement, ils n'étaient plus à l'unisson. François dit alors:

— Je vais rentrer, Mireille; notre conversation m'a un peu bouleversé. Personne ne m'avait parlé de ce livre depuis des années. Et de me savoir lu par vous me comble. J'espère, Marc, que vous comprendrez un peu mieux cet ami exigeant que je suis.

Puis il leva la tête vers le ciel fourmillant d'étoiles et récita un poème, les yeux fixés sur le firmament, en tendant le bras vers la lune qui se levait.

Dans l'océan du ciel
Sur les vagues de nuages
Le vaisseau de la Lune
Semble voguer
Parmi une forêt d'étoiles...

Il se tourna vers Mireille:

— C'est du poète japonais Hitomaro. Je me le récite souvent aux heures de lune. Merci pour tout. Et, Marc, ne vous inquiétez pas: ce soir, ma soif est comblée.

Et, sans se retourner, il se dirigea vers sa moto.

Mireille alors entoura Marc de ses bras.

— Ne sois pas jaloux de Mélissa. Tu l'aimeras. C'est une femme merveilleuse, cultivée, pleine de compréhension.

Marc se dégagea.

— Elle en aura besoin pour appuyer la tienne. Il n'y a pas que François qui cachait ses secrets, Mireille. Je comprends mieux maintenant pourquoi il m'a en quelque sorte obligé à te remettre ceci.

De la poche de son veston, il sortit une disquette et la lui tendit.

— C'est ton nouveau livre? demanda Mireille en la prenant avec un large sourire.

— Non, fit Marc. C'est ton ancien roman.

— Qu'est-ce que tu racontes?

— Ma laide vérité. J'ai volé ton Pascal.

— Marc, explique-toi et rapidement, parce que j'ai peur de ce que tu me révèles.

— Si tu crois que je n'ai pas peur de te confesser ma supercherie... Mes techniciens, plus habiles que moi, ont retrouvé, durant mon séjour dans nos bureaux de Québec, tout ton répertoire, y compris le chapitre sur Pascal.

— Et tu n'as rien dit? Tu m'as laissée dans mon désespoir, en proie à une panique qui a failli me terrasser, alors que...

— Alors que si je t'avais remis cette disquette, tu n'aurais pas eu besoin de ma présence et tu m'aurais laissé partir. Or, Mireille, crois-moi ou non, mais je t'ai aimée, désirée dès la première seconde où je t'ai vue. J'ai eu peur de te perdre en te rendant ton Pascal. Je ne comptais guère à tes yeux, mais tu comptais tellement aux miens. Je suis coupable de t'avoir aimée.

— Aimée? lui jeta Mireille en colère. Tu oses parler d'amour alors qu'il s'agit du vol du personnage d'un écrivain par un autre écrivain.

— Mais tu m'aimes maintenant, Mireille, du moins je le crois.

— Oui, je t'aime, et c'est pour cela que je suis incapable de comprendre ton silence, ta tricherie, tes mensonges. Marc, Marc, mais qui es-tu?

— Un homme qui n'est pas très beau, j'en conviens, mais un amoureux qui a fait passer son amour avant son honnêteté. Me pardonneras-tu jamais?

— Je ne sais pas, répondit Mireille au bord des larmes. Laisse-moi, Marc, j'ai besoin d'être seule avec Pascal...

— Pour toujours? demanda Marc, bouleversé.

— Non. Je te téléphonerai ou t'enverrai un fax demain matin.

— Jure-le.

— Non, je te le dis, et quand je dis quelque chose, je le fais.

Marc s'avança vers elle, mais Mireille lui tourna le dos et se rendit à son ordinateur, qu'elle alluma.

La lune, alors, semblait voguer derrière les nuages...

* * *

À dix heures, le lendemain matin, Marc lisait et relisait le long fax de Mireille. Il ne savait comment réagir à la tristesse dont le message était imprégné.

> Non, Marc, nous ne nous quitterons pas; mais, comme je l'ai souhaité sur le «Vent du large», nous espacerons pour quelque temps nos rencontres. Je dois guérir. De ta mauvaise action? Pas uniquement. J'ai retrouvé Pascal, mais perdu le goût de le décrire, de le raconter, bref, d'écrire. Être bafouée par l'homme à qui on se donne après des années de solitude, c'est une expérience brûlante et traumatisante. Cela ne signifie pas que j'ai cessé de t'aimer; mais j'ai mal de cet amour. À ton tour, Marc, de comprendre. Si j'ai perdu à tout jamais ma raison de vivre, qui fut, après la mort de Martin, mon écriture, je serai quoi et qui, Marc? Un corps qui se donnera sans donner son âme, puisque cette âme était mon besoin de créer des personnages, des histoires. Je t'ai aimé à même mon métier de romancière; cesserai-je de

t'aimer si je me retrouve devant un écran vide?

Il me faut maintenant chercher la vraie Mireille, puisque j'ai retrouvé un Pascal qui ne m'appartient plus. Tu l'as caché si longtemps que je te le donne maintenant. Fais-en ce que tu voudras. Dans quelques jours, nous nous retrouverons, j'en suis certaine. Mais dans quel état, avec quels coeurs? Je l'ignore, mais je sais que je t'aime toujours.

Moi

Marc plia le fax, le glissa dans son gousset, et décida d'aller retrouver François. «Lui seul, se disait-il, est susceptible de m'aider. Si j'ai perdu Mireille à cause de son Pascal, je n'ai plus rien à faire ici, et peut-être même aucune raison de vivre... Mireille, Mireille, où es-tu?»

* * *

Mireille était partagée entre sa fureur contre Marc et sa peur de l'avoir perdu. Elle lui pardonnait mal sa duperie quant à son fichier perdu, mais se pardonnait mal surtout d'avoir gonflé cette mystification à des proportions qui menaçaient de faire éclater leur amour. Tentant d'étourdir son inquiétude, elle s'affairait à faire du rangement, à rendre la maison le plus attrayante possible. Mélissa était une femme de goût, aimant non pas le luxe, mais le beau, le vrai, le simple. Mireille l'aimait profondément, car, depuis qu'elle la connaissait, jamais elle ne s'était tournée en vain vers elle. «Au lendemain de la mort tragique de Martin, se disait-elle en bottelant des fleurs des champs, qui sait si, sans sa présence, je ne me serais pas suicidée? Et la voici encore au rendez-vous en ce moment si difficile pour Marc et moi. Me reviendra-t-il?» Au moment où elle se posait cette question, elle entendit des pneus crisser dans l'allée de gravier et une voiture s'immobiliser devant son perron. «La voici enfin», se dit-elle en poussant la porte de la galerie. François descendit de la voiture de Marc.

— Je vous prie de m'excuser, Mireille, mais j'ai promis à Marc d'arrêter ici en revenant de Québec. Je viens de le laisser à l'aéroport. Il s'est envolé pour Boston, rappelé d'urgence par le gérant d'IBM.

Il monta doucement les marches qui menaient à la galerie, un bouquet de pieds-d'alouette à la main. Il le lui tendit.

— Marc vous les offre en signe de bienvenue pour votre amie, Mme Arnoud.

Interdite, ne sachant que dire, elle ne put s'empêcher de lui demander:

— Marc est-il parti pour toujours? J'ai besoin de le savoir... Vous êtes au courant de notre querelle puisque Marc m'a révélé que vous étiez responsable de sa franchise tardive.

— Il reviendra dans quelques jours, Mireille; il est bouleversé lui aussi. Il ne se pardonne pas sa faute envers vous, mais il vous aime profondément. Il m'a prié de prendre sa maison en charge durant son absence.

— Me dites-vous toute la vérité ? J'ai sans doute exagéré l'ampleur de sa...

Elle se tut, puis reprit :

— Entrez, voulez-vous ? J'ai besoin de parler. J'étouffe en ce moment. Je ne suis plus capable d'écrire.

— Vous êtes en état de choc, Mireille. Votre écriture est bloquée, comme l'est la mienne depuis des années. Je ne sais plus écrire, mais, dans mon cas, c'est sans importance. Dans le vôtre, c'est différent, puisque écrire, pour vous, c'est vivre, aimer et même pleurer, dit-il doucement. Faites la paix avec Marc si vous l'aimez...

Mireille lui apporta une tasse de café et s'en versa une. Ils prirent place sur la galerie, face au fleuve bleu et argent, calme et serein.

— Regardez, dit François, tout ici respire la tranquillité. Laissez cette mer-fleuve vous envahir, Mireille. Ne laissez pas l'orgueil ou votre déception d'écrivain ruiner vos chances de bonheur. Marc est un chic type. En bien peu de temps, il a pris une grande importance dans mon existence vide et solitaire.

— En peu de temps également, il a envahi ma vie, mais avec un mensonge.

— Ou une jalousie d'auteur médiocre...

Mireille posa son café sur une petite table et le regarda.

— Jalousie d'écrivain ? Que voulez-vous dire ?

— Marc a lu tous les chapitres de votre nouveau roman, Mireille ; il m'a avoué son admiration et en même temps son dépit en découvrant, à travers votre style, ses propres faiblesses de romancier « à la Perry Mason », a-t-il dit. Alors, qui sait s'il n'a pas intérieurement obéi à l'envie de vous voler un personnage afin de le placer au centre de son prochain livre ?

— Il n'oserait jamais, fit Mireille avec un rien de soulagement. Pascal est à moi.

— Il m'a dit que vous le lui aviez donné, Mireille. Lorsque Marc est venu à Cap-à-l'Aigle le lendemain de notre dîner, il était bouleversé, et, excusez-moi, il m'a lu votre fax. Il l'a remis dans son portefeuille en disant : « Je ne suis le fils de personne, l'écrivain de rien et l'amant d'aucune histoire d'amour... » Et il a pleuré tout son saoul... Il s'est mis dans la tête de m'enseigner le maniement d'un ordinateur portable qu'il rapportera de Boston pour me forcer à retrouver l'écriture.

— Moi aussi, François, je vous aiderai. Qui sait si l'écriture, qui en ce moment nous divise, ne nous rapprochera pas ? J'ai besoin de vous ; aidez-moi à retrouver la paix et à retrouver Marc...

— Votre amie sera ici bientôt, non ?

— Demain, oui, mais elle ne connaît pas encore Marc. Je compte sur vous pour le lui faire connaître. Est-ce que je pourrai louer un de vos bateaux ? Mélissa adore la mer, et même si je ne garde pas un souvenir ensoleillé de ma dernière promenade sur le *Vent du large*, j'aimerais me laisser porter par les flots, surtout si vous êtes le capitaine de notre randonnée au grand large.

— Oui, je vous emmènerai quand vous voudrez, Mireille. Mais dites-moi: que fait votre amie?

— Mélissa est une femme riche, non seulement d'argent mais de cœur. Elle est au service, bénévolement, bien sûr, de tous ceux qui ont mal dans leur corps, leur âme, leur quotidien. Je ne connais personne, ici ou ailleurs, à qui elle ait un jour refusé son aide...

— Alors oui, nous irons en mer tous les trois, et bientôt, Mireille, tous les quatre, quand Marc sera de retour.

Il lui sourit, posa doucement la paume de sa main sur sa joue et repartit tranquillement.

* * *

De sa cuisine, tout en préparant leur déjeuner, Mireille regardait Mélissa debout sur la galerie devant la mer. Ce matin-là en était un de joie pour Mireille, de fatigue pour Mélissa. «La route est longue, avait-elle expliqué la veille, entre le Maine et Charlevoix. J'ai enfin mis ma maison en vente. Je ne me sens plus la force de courir entre Montréal et Ogunquit, et j'ai des plans à dresser dont je te parlerai plus tard. Pour l'instant, avait-elle ajouté avec ce sourire lumineux qui la caractérisait, verse-moi une solide rasade de vodka. Je veux me détendre enfin.»

Mireille ne cessait jamais d'admirer l'imposante stature de Mélissa Arnoud. De sa cuisine, elle la regardait contempler la mer. Grande, ni mince ni grasse mais de forte carrure, Mélissa possédait une grâce un peu hautaine qui la rendait à la fois distante et fort attachante à qui se trouvait en sa présence. Elle ne parlait jamais pour parler, mais pour plonger au cœur du sujet, qu'il s'agisse d'art, de culture, de philanthropie et ou de simple amitié. Celle qui la liait à Mireille remontait à plus de vingt ans. «Tu m'as sauvé la vie, avait-elle un jour confié à Mireille, et jamais je ne te tournerai le dos.» Mélissa, malgré son aisance de femme fortunée, malgré son ascendant sur son entourage et la force sereine qui se dégageait d'elle, avait été une femme sauvagement battue par un mari qui trouvait dans cette violence un exutoire à sa sexualité.

Un matin, se souvenait Mireille en observant son amie, elle s'était rendue à l'improviste chez elle, et lorsqu'elle avait vu Mélissa descendre l'escalier pour la rejoindre au salon, avec le visage tuméfié, les yeux enflés et une grande difficulté à se mouvoir, elle avait osé enfin lui dire: «Tu as été battue par lui, admets-le, Mélissa; cela te soulagera et rendra notre amitié plus franche. Il faut que tu cesses de souffrir et d'endurer tant de violence.» Pour une des rares fois, Mélissa avait éclaté en sanglots en répétant: «Sors-moi d'ici, sors-moi de cette maison, j'ai peur. Il finira par me tuer.» Rarement les deux amies prononçaient-elles le prénom du mari de Mélissa, en vertu du malaise qu'elles ressentaient à parler de lui. Mélissa, toujours discrète, ne se livrait pas facilement, et Mireille détestait cet homme, ayant pressenti depuis longtemps la violence dans leur ménage. Mais devant une Mélissa au visage fermé à chaque évocation de ce mari que Mireille ne rencontrait jamais, elle se taisait pour ne pas froisser la pudeur de son amie. Ce jour-là, Mireille, sans hésiter une seconde, avait marché vers le téléphone et prié Martin de venir la retrouver chez Mélissa. «Elle vivra chez nous durant quelque temps, mais nous devrons être discrets», lui avait-elle recommandé. Deux heures plus tard, ils étaient partis tous les trois, Mélissa ayant rangé dans une mallette quelques vêtements et des accessoires de toilette. Le lendemain, accompagnée par Mireille, elle s'était rendue chez un avocat; son visage tuméfié, strié de bleu, avait confirmé ses dires, et des procédures de divorce avaient été entamées. «Je ne veux rien recevoir de lui et ne plus jamais en entendre parler.»

Son mari, un homme d'affaires de renommée internationale, n'avait osé contester le témoignage de Mireille. «Je ne veux pas de scandale autour de mon nom, avait-il affirmé à son conseiller juridique. Finissons-en avec cette femme. Donnez-lui tout ce qu'elle demandera, à la condition qu'elle se taise», avait-il dit sans se soucier un instant de l'avenir de Mélissa. Elle avait refusé de le revoir, refusé de l'affronter. «Je veux l'oublier et vite, avait-elle confié à Martin. Aidez-moi à me trouver une maison. Je ne suis pas à la merci de cet homme et je n'attendrai pas le jugement de la cour pour me construire une autre vie. Mais, avait-elle ajouté les larmes aux yeux, jamais je n'oublierai votre loyauté envers moi.» «Et moi, se disait Mireille, lorsque Martin est parti, sans elle je l'aurais suivi dans son éternelle absence.» Donc, en ce début de matinée ensoleillée aux Éboulements, Mireille respectait comme toujours le silence de Mélissa. «Le temps n'est pas venu pour moi de lui confier ma tristesse; je la connais assez pour savoir que bientôt elle me fera parler.»

Mélissa était belle, non d'une beauté aguichante, sémillante, mais d'une richesse intérieure qui rayonnait aux yeux de ceux et celles dont elle aimait s'entourer. Ses cheveux encore noirs malgré ses cinquante-cinq ans étaient relevés en chignon et ornés d'un peigne perlé, d'une broche éclairée de bijoux originaux ou d'une boucle de velours noir au bas de la nuque. «Elle ressemble à une statue grecque ou romaine», pensait Mireille en priant son amie de prendre place à table.

Leur conversation fut animée, joyeuse, mais empreinte d'une sorte de timidité, bien qu'elles fussent heureuses de se retrouver côte à côte dans la même maison. Mélissa n'était habituellement ni timide ni réticente. Rompue aux rencontres avec des êtres de tous les milieux, peintres, artistes, gens d'affaires et citoyens qui se tournaient vers elle lorsqu'ils étaient malheureux, démunis ou victimes de violence, Mélissa avait perçu, en découvrant les traits tirés de Mireille, une tristesse poignante derrière ses beaux yeux verts. Elle était venue aux Éboulements pour épauler Mireille, rencontrer Marc et tenter de comprendre le sens de la détresse de son amie. Mais comment aborder le sujet?

François s'en chargea.

Vers dix heures trente, la porte s'ouvrit et François, vêtu d'un ciré jaune et coiffé de sa casquette de marin, entra.

— Excusez-moi, Mireille, mais je suis ancré dans votre marina, et je suis venu vous dire que Marc a téléphoné hier soir et qu'il me prie de vous informer de son retour à L'Anse-au-Sac après-demain. Alors, j'ai cru que vous souhaiteriez venir en mer cet après-midi avec votre amie, madame...

— Je vous présente Mélissa Arnoud, dont je vous ai parlé, et, Mélissa, voici François, notre capitaine au long cours, fit-elle en essayant de rire.

— François qui? demanda alors Mélissa.

— Durantel, répondit-il, et je loue des voiliers aux vacanciers quand je ne navigue pas sur le mien.

— Il possède un beau navire, Mélissa, le *Vent du large*, affirma Mireille d'une voix émue.

Mélissa les regarda tous les deux et d'instinct comprit le lien qui les unissait. Elle regarda François durant quelques secondes et dit:

— Mais vous n'avez pas toujours loué des bateaux. Si vous êtes le même François Durantel dont j'ai lu le livre très controversé, j'ai hâte de vous mieux connaître. Oui, Mireille, oui, dit-elle en se tournant vers son amie, allons en mer avec lui!

Elle quitta la table et se dirigea vers sa chambre.

— À quelle heure partons-nous ? demanda-t-elle en se retournant vers eux.

— Au début de l'après-midi, si l'heure convient à Mireille.

Interdite, un peu étonnée par la décision rapide de Mélissa, Mireille acquiesça et François quitta la maison en lui demandant de se rendre à la marina vers treize heures.

« Mélissa est toujours aussi décidée, à ce que je vois, se disait Mireille en desservant la table. Nous irons en mer et nous nous parlerons. Il me faut tout lui dire avant le retour de Marc. »

* * *

Mélissa avait décidé, le jour de l'arrivée de Marc, d'aller visiter quelques galeries d'art exposant les œuvres des peintres de la région. La peinture était son art favori et elle était elle-même une artiste en gestation. « Si je n'avais pas si peur de me comparer aux autres peintres devant lesquels je ne ferai jamais le poids, je me lancerais à mon tour dans la peinture. Mais, s'était-elle dit en quittant Les Éboulements, je ne suis ni assez brave ni assez talentueuse pour plonger dans ce monde-là. »

Mireille se retrouva seule, un peu inquiète du retour de Marc, et fort déçue du départ de Mélissa, dont elle respectait le jugement depuis leur conversation en mer avec François, la veille. Mélissa lui avait dit doucement, pour atténuer la déception de son amie :

— Mireille, si par hasard je ne me sentais pas en confiance avec ton Marc, je le braquerais contre moi et conséquemment notre amitié en souffrirait. Notre conversation d'hier m'a fait comprendre un côté de ta vie qui m'avait échappé. Non, ma chérie, je ne dois pas être ici lorsqu'il te reviendra. Ce serait commettre une indiscrétion et je ne veux pas m'immiscer entre vous. Je rentrerai à la fin de la journée, je te le promets. Un bonheur à deux, c'est une joie; à trois, c'est une épreuve; alors, fit-elle en riant, je m'en vais.

Mireille tenta de la dissuader de partir, mais sans succès. «Quand Mélissa a quelque chose en tête, rien ne la fera revenir sur sa décision», se dit-elle en la voyant monter dans sa voiture.

La sonnerie du fax retentit; c'était un message de Marc.

> Je suis ici. J'ai besoin de toi, je t'aime. Viens me trouver.
>
> Marc

Mireille lui répondit aussitôt:

> J'arrive.

Trente minutes plus tard, elle stoppa sa voiture devant le chalet de Marc, planté sur un pic surplombant la mer. Marc l'attendait devant sa porte.

Il accourut vers elle et ils s'enlacèrent. Les «Je t'aime» étaient entrecoupés de «Enfin, enfin, tu es là ! » et de « Je ne partirai plus, je ne te laisserai plus. » Finalement, ils se regardèrent, bouleversés, sachant que leur amour était intact.

— M'as-tu pardonné le vol de ton fichier ?

— Tournons la page, Marc. À quoi bon nous faire encore mal ?

— Donc, tu m'en veux toujours.

— Tout ce que je sais en ce moment, Marc, c'est que je t'aime et que j'ai besoin de tes bras...

Ils entrèrent rapidement dans la maison.

Au même moment, Mélissa rencontrait François à Cap-à-l'Aigle. Elle n'avait rien dit de ses plans à Mireille. Ayant choisi de visiter une galerie d'art de La Malbaie, elle avait conduit sa voiture jusqu'à François. « S'il est en mer, je l'attendrai », s'était-elle dit en demandant son chemin à un passant.

— Je suis venue pour vous mieux connaître, lui affirmait-elle quelques minutes plus tard. Où pouvons-nous causer tranquillement ? Sûrement pas ici.

— Pas ici, non, mais sur mon bateau peut-être ? lui suggéra-t-il avec un large sourire.

— Le vent souffle trop et je n'ai pas le pied marin. Pouvons-nous aller chez vous ?

François la regarda avec une certaine timidité.

— Non, Mélissa. Ma maison ressemble à un marché aux puces. Je partage une vieille grange avec des copains malheureux. Nous avons besoin de nous épauler les uns les autres. La force du groupe compense la faiblesse de chacun. Bref, dit-il en souriant, il est plus facile de mater notre soif à quatre que seuls devant des étrangers.

— Comme moi, dit doucement Mélissa, j'ai besoin de votre force pour compenser ma faiblesse de femme solitaire. Allons nous promener, nous trouverons sûrement un coin pour déjeuner. Prenez le volant, je ne connais pas les routes ici.

François accepta et mit le moteur en marche. Ils demeurèrent silencieux, vaguement intimidés l'un par l'autre.

— Comment va Mireille? lui demanda-t-il.

— Mieux; j'ai manqué de sensibilité envers elle, et j'ai minimisé l'importance de son écriture. Mais, hier soir, nous nous sommes comprises. Marc viendra la voir aujourd'hui.

— Non, dit-il. C'est Mireille qui se rendra chez lui, si elle n'y est pas déjà. Marc vient de me téléphoner. Il était fou de joie.

— Alors, tant mieux! riposta Mélissa. J'ai bien fait de la laisser libre aujourd'hui. J'ai peur de ne pas faire confiance à cet homme pour le moins bizarre. Deux noms, deux identités, et un mensonge. Ça fait lourd à avaler pour moi en ce moment.

— Oui, mais quand on le connaît davantage, il est facile de mieux comprendre ses sentiments. Ils sont divers, contradictoires, pleins d'amertume et de bonheur, de regrets et de rêves. Je n'ai rien révélé à Mireille de ses plans.

— Pouvez-vous me les confier? Je ne vous trahirai pas, mais ma plus grande loyauté va à Mireille. Vous devez le comprendre et m'accepter telle que je suis.

— Marc souhaite se faire muter à Québec, quitte à subir une diminution de salaire et de prestige. Il ne désire pas encombrer la vie de Mireille en habitant à Montréal, mais il dit que s'il restait à Boston la distance entre elle et lui serait trop grande et que leur amour se briserait. Je ne connais pas encore le résultat de ses démarches.

Mélissa ne répondit pas. «Si Marc envahit la vie de Mireille, pensait-elle, elle se cabrera. Car je la connais bien: elle est encore plus indépendante que moi et acceptera fort mal de se plier aux exigences d'un homme dans sa vie.»

Tournant la tête vers François, elle lui dit:

— Parfois, la distance a du bon.

— Oui, mais le silence tue souvent l'amour, Mélissa, encore que je ne suis pas expert en la matière, osa-t-il avouer timidement.

— Parlez-moi un peu de vous, François. Je vous ai lu.

— Et alors? demanda-t-il avec une légère amertume.

— Je ne suis ni croyante ni incroyante, mais tout simplement indifférente aux fables dont l'Église a revêtu les Évangiles. N'est-ce pas de ces distorsions dont votre livre parlait?

— Je suis tourmenté par la vérité de la vie du Christ et je me sens étouffé par tant de dogmes qui à mon sens vont à l'encontre de l'enseignement de cet homme-Dieu. Je suis déchiré comme tant d'autres catholiques par l'écart grandissant entre Rome et Jésus.

— Et le rejet de vos affirmations par vos supérieurs vous a incité à boire ?

— Je ne suis pas un homme très fort, Mélissa. Le silence qui se fit autour de moi du jour au lendemain me fit mal, terriblement mal. J'ai perdu mes amis, mes étudiants, encore que la plupart partageaient mes vues. Mais d'avoir été considéré par Rome comme un bandit et mis au ban de la société catholique à laquelle je croyais appartenir m'a traumatisé. Je me suis étourdi dans l'alcool, et j'ai bu pour oublier que je buvais.

— Et aujourd'hui ? demanda doucement Mélissa.

— Je me domine, je contrôle ma soif en souvenir de la mort de mon meilleur ami, lui aussi devenu alcoolique parce que incapable de répondre intellectuellement aux attentes de son père.

— J'ai besoin de vous, dit tout à coup Mélissa.

— Vous êtes capable de venir en aide à Mireille mieux que moi. Vous n'avez nullement besoin de cet homme déchu que je suis.

— Il ne s'agit ni de Mireille ni de Marc, mais de moi, François, de moi, Mélissa Arnoud, femme divorcée d'un mari qui la battait, et qui vit seule ses cinquante-cinq ans et parfois bien mal. J'ai besoin d'amour, moi aussi, mais ça ne court pas les rues pour une femme de mon âge.

— Vous ne les paraissez pas, fit François avec tendresse. Vous êtes belle, grande, forte...

— Vous aussi, François, vous êtes courageux et encore fort séduisant. Vivre en vous refusant l'alcool qui vous servit d'échappatoire à un moment crucial n'est sûrement pas facile. Vos clients ne sont évidemment pas tous des gens sobres, et j'imagine quels tourments doivent être les vôtres.

— Depuis que Mireille et Marc connaissent mon identité et mon passé, je suis plus fort. Croyez-vous en la puissance de l'amitié, Mélissa?

— Oui, et la preuve en est que je suis venue du Maine pour épauler Mireille dans sa détresse, et qu'en ce matin radieux je cherche à créer une amitié entre nous, car je crois avoir plus besoin de votre compréhension que Mireille n'a besoin de la mienne. Elle a Marc, mais moi j'ai qui? demanda-t-elle avec amertume.

— Vous avez mon amitié, Mélissa. Moi aussi, je suis privé de femmes depuis des années. Rares sont celles qui se sont donné la peine de me parler. À vous, parfois, les hommes disent: «Sois belle et tais-toi.» À moi, les femmes disaient: «Demeure silencieux et manœuvre ton bateau.» Ce que je fais de mon mieux, dit-il en essayant de sourire.

— C'est quoi, Dieu? demanda tout à coup Mélissa avec sa franchise habituelle.

— Je ne sais pas; peut-être la raison derrière le big-bang. Mais je connais mieux Jésus que son Père.

— Et vous croyez en lui?

— Oui, mais pas dans un Christ recrucifié par ceux et celles qui ont faussé son histoire et ses enseignements. Rome, comme je l'ai écrit, avec ses déclarations ex cathédra, son interdiction de limiter les naissances, sa condamnation du divorce, son opposition à l'avortement pour les femmes violées, n'a-t-elle pas perdu toutes les femmes? Pourquoi les tenir loin de la toute-puissante curie romaine alors que ce furent elles qui suivirent Jésus au Golgotha et répandirent la nouvelle de sa résurrection? Nous ne savons toujours pas où se trouvaient ses amis durant son agonie. Seul Jean était présent, encore que je...

Brusquement, il se tut.

— Et pourquoi, enchaîna Mélissa, les apôtres, des êtres simples et humbles, sont-ils devenus les Princes de l'Église?

— J'ai étudié en Israël, Mireille vous l'a sans doute dit.

— Non, fit Mélissa, très attentive aux paroles de François. Elle m'a simplement parlé de votre existence actuelle et des conséquences sur votre vie de la condamnation de vos écrits par Rome.

— Croyez-moi, Mélissa: que Rome n'ait pas aimé mon livre n'a absolument rien changé à ma foi dans ce Jésus si mal aimé sur nos terres dites saintes. Un philosophe français vient de redire à sa façon ce que j'avais, j'en conviens, sans doute fort mal écrit.

— Il ne faut jamais redouter sa vérité, mais éviter de la brandir comme étant *la* vérité, répliqua Mélissa. En somme, vous avez fait contre votre Église ce que vous reprochez à l'Église d'avoir fait contre vous.

François la regarda gravement et voulut parler, mais Mélissa l'en empêcha en disant aussitôt:

— J'ai faim. Conduisez-nous quelque part pour manger, mais devant la mer, voulez-vous... Nous avons encore tant de choses à nous dire, vous et moi.

* * *

Au moment où ils terminaient leur déjeuner à Port-au-Persil dans un petit café accueillant, ravissant à cause de ses tables recouvertes de nappes mauves et débordantes de roses et de marguerites, Mélissa déclara tout haut:

— Je vous écoute avec beaucoup d'intérêt. Il est rare, à notre époque où l'on se durcit contre toutes les croyances au nom d'une seule, fût-elle musulmane, catholique, protestante, bouddhiste, de discuter de religion. Et pourtant peut-être serait-il utile, au lieu de la renier ou de l'ignorer comme le font nos contemporains, d'en discuter justement comme vous et Jacques Duquesne, dont la récente étude fait la une de la presse française en ce moment. Nos églises ne sont pas aussi remplies que dans mon temps, et l'absence de spiritualité dans notre existence explique, je crois, la prolifération de ces sectes de toutes sortes qui utilisent la peur pour obtenir ce que l'Église a perdu par son intransigeance. Je ne dois pas être la seule aujourd'hui à regarder ce Christ enfin humanisé avec des yeux nouveaux. Car, plus les exégètes le rendent humain, plus je le crois d'essence divine. Les mensonges pieux qui ont entouré ses faits et gestes depuis des siècles ont affaibli son image, et pourtant quel autre homme a eu plus d'influence sur l'humanité ?

François la regardait mais demeurait muet, à la fois étonné et soulagé d'entendre une femme intelligente, belle, attrayante, parler simplement d'un sujet dont lui, encore croyant, n'osait jamais parler.

— Avant de retrouver intacts, soupira Mélissa, nos problèmes personnels et relationnels, je voudrais vous dire qu'à mon humble avis le Christ est plus vivant dans la peinture et la sculpture de toutes les époques que dans les églises ou les cathédrales, si magnifiques soient-elles, construites au nom de sa pauvreté. Je serais sans doute excommuniée si je disais tout haut que le vocabulaire des peintres et des sculpteurs est aussi lisible que celui de tous les textes sacrés du monde... Vos études ont dû vous le démontrer.

Interdit, ému, François se leva pour se rendre à la caisse et régler la note. Mélissa le suivit en protestant.

— Je vous ai invité à déjeuner, lui reprocha-t-elle en le voyant sortir quelques billets de son portefeuille.

— Je ne suis pas homme à me laisser gâter par une femme, aussi belle soit-elle. Et vous l'êtes. Je suis ému par vous, Mélissa. Quelle merveilleuse conversation nous avons eue, tous les deux! Merci, merci, dit-il. Si vous saviez comme le fait de parler de ce que je tais depuis de si longues années jette enfin du soleil sur mes ombres...

Et, sans plus dialoguer sauf pour admirer le paysage se déroulant sous leurs yeux, Mélissa et François revinrent chez eux, lui à Cap-à-l'Aigle et elle aux Éboulements, au cas où Mireille aurait été de retour.

«Mais j'en doute, se répétait-elle en souriant. Aurai-je un jour sa chance? Est-ce que François me la donnera?»

* * *

«Que faire maintenant?», se demandait Mélissa en constatant que Mireille n'était pas à la maison. «Elle n'a plus besoin de moi puisqu'elle a retrouvé son bonheur. Mais je ne veux pas la quitter. Tout est si beau ici, et, autant me l'avouer, je suis fascinée par François. Il entre sûrement de l'amour dans mes sentiments envers lui, mais je ne suis pas prête à l'assumer ouvertement. Mon Dieu, est-ce que je marche vers une autre déception, une autre forme de violence, qui cette fois viendrait de moi si François me repoussait? Que dirait Mireille si elle devinait cette attirance pour le moins insolite? Et Marc dans tout cela? Mireille l'acceptera-t-elle dans son quotidien? Je ne sais plus très bien quoi lui conseiller, tant il est vrai qu'une fois les conseils donnés, ceux et celles qui les sollicitent n'en ont cure. Hier, Mireille avait besoin de moi; ce soir, je me sens de trop dans cette maison.»

Mélissa tournait en rond, contente de penser que Mireille avait triomphé de ses paniques d'amoureuse et de romancière. Une voiture stoppa, une portière claqua et une Mireille rayonnante entra rapidement chez elle.

— Oh ! que je suis heureuse de te voir ! s'exclama-t-elle en faisant la bise à Mélissa.

— Heureuse de me voir ou heureuse tout simplement ? demanda Mélissa, taquine.

— Heureuse, oui, mais pas encore complètement rassurée. Je l'aime, de cela au moins je suis certaine, Mélissa. Mais lui ai-je accordé toute ma confiance ? Marc est un merveilleux amant ; je suis comblée, mais je refuse de penser à la disparition de Pascal et à sa résurrection sur cette disquette, murmura-t-elle en montrant celle-ci à Mélissa.

— En avez-vous parlé ?

Mireille lui tourna le dos et répondit timidement :

— Nous n'avons pas beaucoup parlé ; nous nous sommes aimés, mais avec quelque chose d'un peu douloureux, de frénétique, comme si nous allions nous quitter ce soir ou demain.

— À t'entendre, Mireille, je jurerais que tu as créé un personnage plus grand que nature. Si tu as imaginé Pascal une fois, qui t'empêchera de le faire une deuxième fois ?

Une voiture s'arrêta devant la maison.

— Voici Marc, Mélissa. Tu le connaîtras enfin.

— Tu aurais pu me prévenir que nous dînions à trois, fit-elle brusquement en se dirigeant vers sa chambre. Je vais me rafraîchir. J'ai eu très chaud durant ma randonnée dans cette belle région. Je reviens dans une petite minute.

Marc entra, deux bouteilles sous un bras, deux roses blanches dans la main droite.

— Une pour toi, mon amour, l'autre pour ton amie. Mais, dit-il en regardant autour de lui, où est-elle?

— Dans sa chambre, à se faire une beauté pour toi. Je suis déjà jalouse, jeta-t-elle en riant. Je t'aime, tu sais. Ne me laisse pas...

Mélissa revint, revêtue d'un ensemble fort élégant. Pantalon large et blanc sur lequel tombait une blouse de dentelle noire qui recouvrait ses genoux. Ses cheveux ceinturaient sa tête et de larges boucles d'oreille en nacre blanc mettaient son visage en relief.

— Madame, fit Marc en s'avançant vers elle.

Il lui tendit la rose, s'inclina sur sa main et, se tournant vers Mireille, dit, visiblement admiratif:

— Tu ne m'avais pas dit combien ton amie était belle, Mireille. Je suis heureux de vous rencontrer enfin.

Mélissa le regarda de ce regard qui perçait les êtres quand elle cherchait à deviner leur intériorité. Autant elle avait déconseillé à Mireille de renoncer au bonheur à cause d'un livre, autant elle se méfiait de cet homme pour le moins mystérieux.

— Moi aussi, Marc, j'avais hâte de vous rencontrer.

Et, selon son habitude, elle alla droit au but.

— Saurez-vous rendre Mireille heureuse? Je ne veux plus jamais la retrouver dans cette détresse qui fut la sienne avant cet après-midi.

— Je t'en prie, Mélissa, fit Mireille, mal à l'aise.

— Oui, Mélissa, je la rendrai heureuse, si elle veut d'un bonheur à ma taille; je ne suis ni un héros ni un malfaiteur. Je l'aime tel que je suis...

— Et qui êtes-vous? demanda Mélissa brutalement.

— Un être généreux, s'écria Mireille.

— Ah oui? fit Mélissa ironiquement.

«Décidément, se disait Mireille, après m'avoir poussée dans ses bras, je jurerais qu'elle lui en veut.»

— Et capable d'admettre ses erreurs, dit Marc plutôt froidement. Si on débouchait ce champagne, Mireille?

— Bonne idée! fit-elle, ravie de voir changer le cours de la conversation.

Mélissa poussa la porte de la galerie et demeura debout devant la mer. Elle se reprochait d'avoir été trop brusque. «Qu'est-ce qui me prend? Le bonheur de Mireille me ravit et m'agace en même temps.» Sans bruit, Mireille était venue la rejoindre, deux flûtes dans les mains. Elle en tendit une à Mélissa.

Celle-ci se retourna vers elle et dit, avec une évidente tendresse:

— Ma chérie, ce soir, je boirai à votre bonheur.

Elle leva sa flûte au moment où Marc à son tour arrivait sur la galerie.

— À vous deux, fit Mélissa.

Marc la regarda intensément, et il décida d'être brusque lui aussi.

— Car vous croyez à notre amour? lui dit-il en entourant les épaules de Mireille.

— Il le faut, car si vous faisiez du chagrin à Mireille, je ne vous le pardonnerais pas. Et, ajouta-t-elle en riant pour alléger la tension, j'ai la rancœur tenace.

Regardant Mireille, elle poursuivit:

— J'ai passé un bon moment avec François tout à l'heure. Quel homme sympathique et attachant! Il a beaucoup d'estime pour vous deux.

Leur conversation se poursuivit sur un mode un peu artificiel mais très cordial durant le dîner. Marc partit tôt.

— Je dois me remettre à l'écriture, dit-il en regardant Mélissa. Mon éditeur me relance car je suis très en retard dans mon manuscrit. À demain, ma chérie; au revoir, Mélissa.

— Je serai peut-être partie demain, fit Mélissa.

— Partie pour où? demanda Mireille, subitement angoissée.

Marc n'attendit pas la réponse. Il était tendu, un peu inquiet, mais il préférait laisser Mireille et Mélissa parler sans lui. Il referma la porte.

— Dis donc, toi, fit Mireille, tu n'as pas été très aimable avec celui que tu m'as conseillé d'aimer. Tu n'as pas confiance en lui?

— Je le connais à peine, jeta Mélissa.

— Tu as été dure avec Marc. Pourquoi?

— Je ne sais pas, fit Mélissa impatiemment. Quelque chose en lui me rend méfiante...

— Bon, soupira Mireille, nous y voilà. Cette même chose que tu éprouves, je la ressens aussi.

— Tu fais quoi, alors? Tu oublies Pascal enfin, ou tu continues à redouter Marc? Tu ne sembles pas être sur la voie du bonheur.

— Existe-t-il?

— Je n'en sais rien. Le mien fut plutôt terrifiant, Mireille.

— Mélissa, fit Mireille d'un ton suppliant, pourquoi ne suis-je pas simplement heureuse? Marc, au-delà de nos métiers, est un homme merveilleux. Mais quelque chose me retient de me donner complètement à lui. Je ne sais pas quoi.

— Moi non plus. Attendons... Mais, Mireille, et cette fois j'exige la vérité car elle ne concerne que nous deux: suis-je de trop ici? Je peux parfaitement, et tu le sais, loger dans une auberge. J'en ai repéré une à Cap-à-l'Aigle.

— Mais si tu la choisissais de préférence à ma maison, je ne te le pardonnerais jamais. Mélissa, j'ai besoin de toi ici, près de moi. Ne me laisse pas, veux-tu?

— Mais si Marc...

— Non, il ne couchera pas là-bas, fit-elle en désignant sa chambre. Je ne suis pas encore prête à rompre avec mon passé. Celui de romancière, peut-être...

Mélissa la regarda attentivement.

— Mireille, il est trop tard pour poursuivre cette conversation. Abandonner ton métier? Nous en parlerons, mais sérieusement, demain matin. D'accord, Mireille, je demeurerai près de toi encore quelques jours. Je suis bien moi aussi près de toi, avec ou sans Marc. Et, ajouta-t-elle comme pour elle-même, il y a François.

Mireille sursauta et tenta de l'interroger, mais Mélissa était déjà en route vers sa chambre.

Et dehors la mer continuait de monter et de descendre, de chanter de ses vagues brisées, reprenant sans jamais se lasser sa grande valse d'éternité.

* * *

Durant le petit déjeuner, Mélissa écoutait Mireille avec surprise.

— J'étais à peine arrivée chez toi avant-hier que tu me confiais que tu ne pouvais vivre sans écrire. Et maintenant que tu vis ton amour, tu ne veux plus écrire? Mireille, que se passe-t-il?

— Je n'en sais rien. Je regarde l'ordinateur avec effroi et rage. Je lui en veux, faut croire.

— À la machine ou à l'homme qui est venu l'examiner?

Mireille se mit subitement à rire.

— Nous parlons de mon ordinateur comme de quelqu'un qui serait aussi vivant que toi et moi.

— Il l'est, puisque ton Pascal dormait dans sa chambre de mots, dit Mélissa.

— Et n'est-ce pas ironique et cruel d'avoir retrouvé Pascal après avoir effacé les trois premiers chapitres me conduisant à lui?

— Mireille, vas-tu un jour tourner enfin la page sur ce livre? Ce ne sera jamais l'ordinateur qui l'écrira, mais toi. Je connais ton besoin d'écrire et j'ai peur que tu tournes en rond. Tu perds un personnage et tu fuis l'homme qui te le rend. Tu retrouves ton Pascal et tu ne veux plus renouer avec ton métier. Autant je te désapprouvais hier de donner tant d'importance à un être fictif, autant ce matin je ne comprends pas ton désir de tourner le dos à ton écriture. Et ton éditeur, et tes lecteurs? Excuse-moi de te rappeler que si je suis certaine que Martin comprenait ton bonheur d'écrire, jamais il ne comprendrait que tu deviennes ce que tu n'es pas et qu'à mon avis tu ne seras jamais: une femme comme toutes celles qui ne savent que faire de leur temps et qui l'emploient à chercher comment meubler leurs heures.

— Je le sais fort bien, puisque je souhaite les meubler pleinement avec Marc.

— Tu n'as plus vingt ans, Mireille. L'amour à cinquante ans est sans doute plus profond que celui de nos lointains printemps, mais il est aussi plus exigeant. Tu découvriras un trou dans ton quotidien lorsque Marc s'absentera, à moins que...

— Que quoi ? fit Mireille impatiemment.

— Qu'il ne s'installe chez toi.

— Jamais ! gronda Mireille. Jamais je ne pourrais supporter une présence constante dans ma maison.

— Tu vas de contradiction en contradiction.

— Oui, parce que je n'ai pas encore donné toute ma confiance à Marc.

— Mireille, qu'est-ce qui te retient ? Tu l'aimes, soit, et cela se voit, mais votre passion est-elle strictement physique ?

— Peut-être.

— Alors, dit Mélissa en allant chercher la cafetière, votre liaison ne durera pas longtemps. Juste celui de te faire oublier de tes lecteurs et de ton éditeur.

— Bon Dieu ! Mélissa, tu compliques tout.

— Moi ? s'exclama-t-elle, indignée. Moi, je suis compliquée ? T'entends-tu parler et surtout penses-tu vraiment à ce que tu dis ?

— Je ne sais plus. Quand je suis dans ses bras, je n'arrive pas à surmonter une certaine gêne, une certaine pudeur.

— Ma chérie, dit Mélissa en posant sa main sur celle de Mireille, il y a longtemps, du moins c'est ce que tu m'as laissé entendre, que tu n'as pas eu un homme dans ta vie. Alors, peut-être as-tu le complexe de la nouvelle mariée... Mais, poursuivit-elle en éclatant de rire, les jeunes femmes de notre époque de sexualité exacerbée ont-elles encore une timidité au lit? J'en doute, fit-elle en soupirant.

— Moi aussi, dit Mireille en riant, mais que je sois un peu sur la réserve avec Marc, c'est aussi dû à mes remords.

— Remords? Mais de quoi et envers qui? s'enquit alors Mélissa.

À son tour, Mireille se leva et, lui tournant le dos, elle répondit, en ouvrant la porte de la galerie:

— Je pense encore à Martin, même quand je suis avec Marc. Comment oublier vingt ans de passion, de bonheur fou?

— En vivant avec un peu de modestie, beaucoup de folie et de reconnaissance l'amour qui te tend les bras, fit Mélissa en la suivant sur la galerie. Tu regardes la mer parfois?

— Pourquoi serais-je ici si je ne l'écoutais pas?

— Que te dit-elle? demanda très doucement Mélissa.

— Que je l'adore, fit Marc en entrant à son tour sur la galerie.

Mireille se pressa contre lui. Mélissa, un peu étonnée par cette visite matinale, se dirigea vers l'intérieur de la maison.

— Non, restez ici, Mélissa. Je suis venu dire à Mireille que je vais rejoindre Pascale à Québec. Le cinéaste s'est ravisé concernant mon film, m'a-t-elle appris hier soir en me téléphonant de Paris. Je suis fou de joie. L'avion arrive vers dix-sept heures. Alors, je file.

— Et, dit Mireille soudain en colère, tu demeureras avec elle combien de temps?

— Avec elle et son cinéaste de mari, répondit Marc avec un peu d'impatience. Je te téléphonerai ce soir.

Mireille entra dans la maison avec lui; Mélissa poussa un long soupir. «C'est quoi, cette histoire de film avec son ex-femme?», se demandait-elle. Mireille revint quelques minutes plus tard, le visage fermé.

— Il n'a même pas voulu avaler un café, tant il est pressé de se rendre à Québec. Qu'en penses-tu?

— Comment veux-tu que je comprenne quoi que ce soit à cette histoire de Pascal au masculin et au féminin? fit Mélissa en hochant la tête.

— Mélissa, aide-moi.

— À quoi, grand Dieu?

— À, à... Je ne sais plus...

Mireille retourna dans la maison en claquant la porte derrière elle.

«Eh bien, se dit Mélissa, qu'est-ce qui nous attend?» Et tout à coup elle se redressa et dit tout haut:

— François !

Quelques instants plus tard, elle sortit de sa chambre, vêtue d'un ensemble pantalon vert et blanc. Elle mit un chandail dans un sac et sursauta lorsque le téléphone sonna. Elle décrocha le combiné et dit :

— Ah ! bonjour, Marc. Oui, elle est ici, je vous la passe... Mireille, Marc est au téléphone.

Mireille, visiblement tendue, vint au salon et prit l'appareil.

— Où es-tu ?

— Dans ma voiture, Mireille. Je suis un con et le dernier ou le premier des imbéciles. Je te parle de mon cellulaire, depuis Baie-Saint-Paul, et je reviens te chercher.

— Pour aller où ?

— À Québec avec moi pour rencontrer mon cinéaste. Tu veux toujours collaborer au scénario du film ? Mireille, je t'en supplie, viens.

— Et Mélissa ?

Mélissa, qui ne comprenait rien à leur conversation mais était assez sensible pour en deviner le sens, dit rapidement :

— Mireille, ne te préoccupe pas de moi. Je partais à l'instant pour Cap-à-l'Aigle.

Mireille la regarda, puis, reprenant sa conversation avec Marc, dit :

— Ne viens pas me chercher, Marc. J'irai te rejoindre cet après-midi. Mais où te trouverai-je ?

— Au Château Frontenac, là où nous nous sommes rencontrés. Mireille, ne perdons plus une seconde de bonheur. Nous irons ensemble à l'aéroport, et nous reviendrons ensuite dans Charlevoix pour travailler au scénario. Alors, je t'attends?

— Oui, autour de quinze heures.

— Je t'aime, ajouta Marc.

— Moi aussi, fit-elle doucement avant de refermer le téléphone.

Elle se tourna vers Mélissa.

— Marc m'invite à Québec pour rencontrer un cinéaste afin de collaborer au scénario de son film. Voilà peut-être le prétexte pour enfin revenir à mon écriture.

— Bravo, Mireille! rétorqua Mélissa. Je suis heureuse de t'entendre me confier enfin des plans positifs. Moi aussi, j'en ai... et nous parlerons de tout cela à ton retour. Mireille, ne te fais aucun souci pour moi.

— Je me sens mal à l'aise de te laisser seule ici.

— Mireille, je ne serai pas seule longtemps... Alors, mords dans ton bonheur à belles dents et cesse de te tracasser pour moi, pour toi et pour ton livre. La vie peut être si belle si nous savons pleinement la saisir dans ses minutes de joie... À bientôt, Mireille, et, je t'en prie, mets toutes tes chances de bonheur dans ton sac à cœur.

Et elle quitta rapidement la maison.

Mélissa se rendit lentement à Cap-à-l'Aigle, un peu étonnée par son besoin de retrouver un homme de quelques années plus jeune qu'elle, mais qui la fascinait, la troublait. «Après tout, se disait-elle comme pour se rassurer, j'ai cinquante-cinq ans et je suis en bonne santé. Pourquoi ai-je peur de mes sentiments? L'amitié entre une femme et un homme n'est pas inusitée, que je sache. François est brillant. Certes, la vie l'a secoué, mais ne l'a pas brisé. Il a de belles années devant lui, et pourquoi ne l'aiderais-je pas, puisque je me suis donné comme rôle depuis mon divorce d'épauler les plus malheureux que moi? Quand je suis devenue une femme battue, je suis devenue également une amputée de l'amour, et seuls Mireille et Martin sont demeurés mes amis. J'ai fui tous les hommes qui se sont approchés de moi; je voyais des grimaces derrière leurs sourires, des poings levés sous leurs mains tendues vers les miennes. Je viens de trouver François, alors autant essayer de le mieux connaître.» Subitement, elle se sentit réconfortée, moins intimidée à l'idée d'aller retrouver François dans son fief. «Je dois lui parler et longuement. Le voyage à Québec de Mireille et Marc leur fera du bien, et à moi aussi.»

Elle aperçut François assis sur l'étroite banquette à la proue du *Vent du large*. Il la reconnut et se hâta de l'aider à monter à bord.

— Je suis heureux de vous revoir, Mélissa. J'hésitais à vous téléphoner.

— Moi, je ne savais pas comment vous joindre. J'aimerais louer votre bateau. Mireille est allée rejoindre Marc à Québec. Il rencontre sa Pascale, un cinéaste, et Mireille collaborera à son film. J'ai peine à suivre leur trajectoire.

— Je ne peux vous louer mon bateau; Marc a déjà payé une somme folle pour se le réserver. Mais je suis certain qu'il accepterait que je vous emmène en mer.

— Alors, allons-y, mais tenez compte du fait que je suis une froussarde sur l'eau...

— La mer est douce et nous nous promènerons le long de la côte; à la moindre secousse, je naviguerai vers une crique et nous nous y arrêterons.

Mélissa eut tôt fait de se rendre compte de la maîtrise de François à la barre et de son besoin de concentration. «Comment arriverai-je à lui parler? se demandait-elle. Autant la mer enrichit les conversations, autant elle commande l'attention de celui qui fend ses vagues, manœuvre dans ses vents, se laisse aller à son rythme.»

— J'ai des choses graves à vous dire, François. Ai-je fait une erreur en vous demandant de nous mener en mer?

— Non, même si je ne pourrai vous regarder autant que je le souhaite. Mais rien ne m'empêchera de vous écouter, même si parfois les oiseaux de mer voudront prendre part à notre conversation... Et puis, si vous préférez, nous pourrions facilement nous immobiliser près d'un quai. Il y en a plusieurs dans la région. Filons vers Saint-Irénée; il y a deux cabestans sur un des côtés d'un quai abandonné. Tout près, il y a un casse-croûte qui nous permettra d'avaler hot-dogs ou sandwiches un peu plus tard. Soyez détendue, Mélissa; vous êtes en parfaite sécurité. Une fois le voilier solidement amarré, nous nous installerons sur le pont et nous serons à l'aise pour discuter. Ma vie n'est pas un secret, Mélissa; elle contient trois drames: l'interdit sur mes écrits, mon alcoolisme, et la mort tragique et insensée de mon copain. Le reste, c'est du brouillard...

— Mais nous sommes au soleil, fit vivement Mélissa. Il nous réchauffera! Dites, est-ce que votre bateau est assez solide pour me supporter si je marche sur le pont jusqu'en avant! J'aimerais nous voir arriver à Saint-Irénée...

— Il est solide, Mélissa, mais retenez-vous aux cordages. La mer a souvent des hoquets que personne ne peut prévoir.

Et, sans plus parler, il laissa filer le *Vent du large* vers leur point d'arrivée. Mélissa admirait le paysage; François l'admirait, elle.

Mélissa, s'agrippant solidement aux cordages, ne bougeait pas. «A-t-elle peur ou est-elle perdue dans ses pensées? se demandait François. Dieu qu'elle est belle! se dit-il en manœuvrant pour approcher le voilier du quai. Elle me fait penser aux figures de proue sculptées à l'avant des frégates d'autrefois. On la dirait née d'une légende des Vikings. Je me demande bien ce qu'elle désire me dire. C'est la première fois depuis des années que je me laisse approcher par une femme. En général, elles me font peur. Aujourd'hui, sa présence à mon bord me remplit de joie. Je retrouve presque confiance en moi.»

Mélissa se retourna et lui cria:

— C'est étonnant, je n'ai plus peur. Et comme c'est beau, tout ça! fit-elle en désignant la mer et les côtes qui se révélaient à ses yeux éblouis.

En riant, mais en songeant à sa propre situation, François répondit:

— Moi non plus, Mélissa, je n'ai plus peur...

Deux de ses copains l'attendaient sur le quai. Ils l'aidèrent à amarrer le voilier, croyant que Mélissa était une des nombreuses touristes à qui il louait son bateau. Ils ne lui posèrent aucune question mais l'accompagnèrent jusqu'au casse-croûte, où il commanda un léger repas pour Mélissa et lui. Restée à bord, Mélissa sortit son thermos, se versa un peu de vin, et lorsque François revint, avec deux sacs dans les mains, prendre place à ses côtés, elle lui dit:

— Je ne vous offre pas à boire, mais je sais que vous ne serez pas offensé si je me verse quelque chose.

François avait installé deux chaises légères sur le pont et il tendit un des sacs à Mélissa.

— Bon appétit, madame...

Ils mangèrent en silence durant quelques minutes, puis Mélissa, déposant son sandwich sur ses genoux, lui demanda:

— Vous connaissez, je suppose, la panique de Mireille devant son ordinateur vidé des chapitres de son roman et la terrible tricherie de Marc qui, m'a-t-elle dit, lui a volé son personnage principal.

— Oui, fit François en continuant de manger. Marc était jaloux.

— De quoi et de qui? demanda avec surprise Mélissa.

— Je n'en suis pas sûr, mais je devine que la détresse de Mireille face à la disparition de Pascal rendait Marc jaloux.

— Peut-on être jaloux d'un personnage fictif?

— Du personnage comme tel, peut-être pas, répondit François rêveusement, mais de la panique de Mireille devant une réalité qui ne le concernait pas, oui, sûrement. Pascal avait une présence réelle dans la tête et le cœur de Mireille. Avez-vous lu les romans de Marc?

— Non, mais je connais sa réputation.

— Il fait des best-sellers mais c'est un mauvais écrivain. Or, Mireille est tout le contraire. Ses romans sont profonds, intenses et passionnants. Je connais peu Marc, mais assez pour deviner qu'il supporte mal les comparaisons et encore plus mal la compétition. Il se sait inférieur à Mireille sur le plan de l'écriture, mais par ailleurs se croit fort séduisant auprès des femmes. Donc, selon moi, il a souhaité se rendre indispensable en lui dérobant Pascal et en le lui rendant un peu plus tard, surtout lorsque je l'ai, pour ainsi dire, forcé à le faire.

— Comment avez-vous réalisé cet exploit?

— En le plaçant devant son mensonge. Dans son passé, Marc a suffisamment souffert du mensonge et de la duperie pour refuser de jouer lui-même à ce jeu.

François raconta à Mélissa l'enfance de Marc en France, sa vie à Boston, sa rupture avec Pascale, et, lorsqu'il se tut, Mélissa était stupéfaite.

— Le destin des êtres humains est insondable, François. Je comprends mieux maintenant la détresse de Mireille et j'ai un peu honte de mon absence de sensibilité devant l'imbroglio dans lequel Marc l'a plongée avec leurs Pascal respectifs. Conservez votre confiance en lui, et, de mon côté, je m'efforcerai de regagner la sienne. Décidément, je manque de tact parfois.

Elle se leva, posa un baiser sur la joue de François et marcha vers la proue du *Vent du large*.

François fit signe à ses copains, revenus sur le quai, de larguer les amarres, puis il manœuvra son voilier vers Cap-à-l'Aigle en se disant: «C'est la première fois depuis des années qu'une femme me touche, et quelle femme!» Ils se turent tous les deux et une douce brunante les enveloppa de son châle vaporeux.

Quand ils furent rendus au quai, Mélissa dit à François:

— Je retourne chez Mireille pour une heure. Si elle est revenue de Québec, elle s'inquiétera de ne pas me trouver chez elle. Je lui laisserai mon numéro de téléphone car ce matin j'ai loué une ravissante suite dans une auberge là-bas, fit-elle en indiquant le village. Je reviens dans une heure, et si vous pouvez encore m'endurer, je vous invite à dîner. La vue du balcon attenant à ma chambre est admirable. Nous y serions bien pour causer devant la mer après le repas.

— Je ne suis pas très populaire dans nos auberges, dit François amèrement.

Mélissa se dressa et lança impatiemment :

— Je ne demeurerais sûrement pas dans un endroit qui ne serait pas courtois envers mes invités... Alors, à tout à l'heure ?

— Oui, et je resterai avec vous tant que vous voudrez de moi...

Malgré elle, Mélissa fut sur le point de rougir. « Je suis en train de perdre doucement la tête, se dit-elle en mettant sa voiture en marche. Mais cet homme me fascine. »

Un fax l'attendait chez Mireille.

> Nous commencerons à travailler au scénario du film demain. La Pascale de Marc m'est devenue sympathique. Ma confiance en lui demeure toujours fragile. Mélissa, promets-moi de prolonger ton séjour; j'ai encore besoin de toi car ce film me pousse à revenir enfin à l'écriture. À bientôt.
>
> Mireille

Mélissa hocha la tête et glissa le fax dans son sac à main. Elle alla ensuite dans sa chambre pour changer de vêtements et en mettre de plus chauds dans sa petite mallette. Elle y déposa le livre de François. Puis elle vérifia si tout était en ordre dans la maison, si portes et fenêtres étaient solidement verrouillées. « Allons, se décida-t-elle, retournons à Cap-à-l'Aigle. » Elle écrivit le numéro de téléphone de l'auberge et posa sa note sur le télécopieur.

François l'attendait à l'auberge, sa moto garée dans le parc de stationnement. Il était très élégant, tout de blanc vêtu, avec un triangle de soie marine autour du cou.

— J'ai reçu un fax de Mireille...

— À l'auberge ? demanda-t-il, surpris.

— Non, aux Éboulements. Mais nous en reparlerons plus tard. Allons dîner, j'ai faim. Et vous ?

Le dîner fut haut de gamme. Mélissa avait demandé au maître d'hôtel de lui servir son vin dans une tasse.

— Mon invité est un grand ami, mais il ne supporte pas le vin. Moi, oui, et parfois trop pour son goût. Alors, vous lui verserez du café, et à moi un beaujolais, ou un Château Liboiron, selon le menu.

Et ainsi fut fait.

François souriait en regardant Mélissa boire son vin. Il n'était pas dupe de sa délicatesse mais choisit de n'en rien dire, malgré le fait que la tasse se remplissait souvent quand il semblait n'y pas prêter attention.

Après le dîner, Mélissa lui proposa de monter à sa suite.

— La vue est superbe là-haut; ne tournons pas le dos à cette beauté gratuite qui s'offre à nous. Dans quelques jours, je quitterai ces lieux, mais j'aimerais vous proposer quelque chose...

François la regarda en silence. Il n'osait parler tant la présence de Mélissa à ses côtés le troublait et l'odeur du vin le hantait.

— Voulez-vous venir avec moi en Israël et ensuite en Italie pour approfondir vos travaux? J'ai l'aisance nécessaire pour m'offrir ce voyage avec vous.

— Mais moi, Mélissa, je n'ai rien de ce qu'il faut pour vous accompagner. Je ne veux pas revenir en arrière et risquer une rechute en plongeant dans un passé qui m'a détruit.

— J'ai sans doute plus besoin de vous que vous de moi et j'en suis tristement consciente. Une femme battue, agressée physiquement et verbalement durant plus de dix ans, n'est pas un être complètement normal. Je suis bien avec vous, car je n'ai pas peur de vos réactions. Depuis mon divorce, j'ai fui tous ceux qui me faisaient la cour, tant je craignais les coups et les cris...

— Et moi avec vous, j'oublie pour la première fois le sentiment de honte qui me ronge depuis la mort de Fabrice, dit François à voix basse. Mais plus je reviens en arrière, plus ce qui m'attend me fait peur. Moi aussi, Mélissa, je suis un homme battu, rejeté des siens. Ici avec mes copains, aussi malades et assoiffés que moi, je tiens le coup. Mais loin d'ici, de mon havre de paix, de mon point de travail, je ne vous serais d'aucun secours car j'ai perdu le goût de chercher une vérité hors de la tradition catholique romaine enseignée par une Église qui ne veut surtout pas en trouver une autre.

— François, dit presque timidement Mélissa, j'ai besoin de vous, j'ai envie de dormir avec vous et contre vous, cette nuit. Ne me laissez pas; moi aussi, je suis au bout de mes forces.

— Moi aussi, Mélissa, j'ai besoin d'une chaleur et d'une douceur. J'ai envie de vous, mais je vis seul, sans femmes, depuis si longtemps que je crains que...

Mélissa le regarda, s'approcha de lui, le dévêtit, puis enleva ses propres vêtements. Ils tombèrent tous les deux sur le lit et firent l'amour avec une frénésie qui les étonna et les émerveilla. François ne cessait de répéter:

— Je ne savais pas que je pouvais aimer.

— Je ne savais pas, continuait Mélissa entre deux étreintes, que je pouvais encore être aimée... François, François, ne nous quittons plus...

Et, quelques heures plus tard, enlacés, ils s'endormirent.

Au petit matin, un bruit insolite éveilla Mélissa. Elle se tourna vers François; sa place vide la fit se lever.

— Mon Dieu! Mon Dieu! Qu'est-ce que François a fait?

Elle se vêtit rapidement et tout à coup entendit le vrombissement de la moto de François qui quittait le sentier de l'auberge à une vitesse folle. Atterrée, certaine que François allait se tuer, elle sortit rapidement de sa chambre et descendit au rez-de-chaussée.

À la réception, l'aubergiste lui dit durement:

— Votre étrange invité a vidé mon bar cette nuit, madame; je vous en tiens responsable.

— Ne vous inquiétez de rien; je vais revenir dès que je saurai où mon ami est parti...

L'aubergiste haussa les épaules, se mit à ricaner et, devant la mine courroucée de Mélissa, il lui dit, plus doucement:

— Le téléphone est dans mon bureau, madame Arnoud. Servez-vous-en et ne vous inquiétez pas trop. François ira retrouver ses copains. Je le sais honnête, mais un peu trop porté sur la boisson.

Mélissa le regarda et dit:

— Je me tiens responsable de tout ce qu'il vous a volé. Faites-moi confiance, mais laissez-moi partir. Je dois le retrouver avant qu'un accident grave ne lui soit arrivé.

Elle se rendit chez ses copains; François n'y était pas. Yvan, son meilleur ami depuis le décès de Fabrice, lui promit de le rechercher.

— Je vous le ramènerai, madame. Quand François a pris un verre de trop, il retourne toujours à l'endroit où Fabrice est mort. Je vous téléphonerai le plus rapidement possible.

Mélissa écrivit le numéro de téléphone de Mireille sur un bout de papier et le lui donna, puis elle repartit vers la maison de son amie.

Elle entra chez Mireille sans frapper, mais elle dut s'appuyer contre le cadre de la porte pour ne pas tomber. Mireille accourut vers elle en s'écriant:

— Mélissa, es-tu malade?

Mélissa respirait difficilement et balbutiait:

— François, François...

Marc à son tour vint jusqu'à elle et il la soutint jusqu'au sofa. Mélissa pointa l'index vers son sac à main et réussit à dire:

— Nitro...

Mireille lui tendit son médicament; Mélissa ouvrit la bouche et appuya deux fois sur le tube en maintenant l'extrémité sous sa langue. Quelques secondes plus tard, sa respiration devint plus régulière, son visage reprit un peu de couleur, et elle se mit péniblement, lentement, à raconter sa soirée avec François. Marc l'écouta attentivement, puis il se précipita vers le téléphone. Il composa le numéro du quai de Cap-à-l'Aigle et demanda à parler à Yvan. Il écouta en silence, fit signe que non à Mireille qui rafraîchissait le visage de Mélissa avec un linge humide, et dit:

— Si vous le retrouvez, ne lui laissez pas prendre la grand-route. Il veut boire et ne se souciera ni de vitesse ni de sécurité. Oui, je suis inquiet. François semblait avoir très, très soif il y a quelques instants. Oui, avec Mme Arnoud. Elle est ici, et elle est traumatisée. Il avait peut-être commencé à boire avant son départ ?

Il regarda Mélissa ; elle fit non de la tête. Il poursuivit :

— Mme Arnoud a dîné avec lui et il n'a pas bu avant le repas, mais tard dans la nuit. Moi aussi, je vais tenter de le retrouver. J'irai vers Baie-Saint-Paul... Je verrai peut-être sa moto quelque part. S'il avait de l'argent en poche ?

Il se tourna vers Mélissa ; elle fit signe que oui. Il reprit :

— Avertis les copains. Je te rappellerai le plus vite possible.

Marc enfila un chandail, prit son portefeuille, les clés de sa voiture, et dit aux deux femmes, visiblement bouleversées :

— Mélissa, je vais le retrouver, j'en suis certain ; entre avoir très soif, trop boire et risquer sa vie, il y a une différence. Mireille, je te téléphonerai dès que j'aurai des nouvelles. Calmez-vous, Mélissa, et toi aussi, Mireille. À tout à l'heure.

Il sortit, sauta dans sa voiture et roula rapidement vers Baie-Saint-Paul. « François s'achètera de l'alcool loin de La Malbaie, car, m'a-t-il déjà dit, il est connu dans la plupart des endroits avoisinant Cap-à-l'Aigle. » Il le chercha des yeux durant tout le parcours. « Sa moto est peut-être tombée dans le fossé... Si Mélissa n'avait pas toujours besoin de sa sacrée bouteille, François n'aurait peut-être pas eu si soif. Mais nous sommes tous au fond un peu responsables de sa chute. Nous lui avons fait mal en réveillant son passé.» Le cellulaire sonna.

— Mireille, dit Marc en tirant sur l'antenne et en posant le petit combiné contre son oreille droite. Retrouvé ? Où et par qui ? Ses copains ? Bon, tant mieux ! Dans quel état ? Pas ivre, cependant, au point de ne pas savoir où il allait? Oui, Mireille, je me rends tout de suite au village. Non, non, je ne le ramènerai surtout pas chez nous. Il aura besoin de ses vrais copains, sûrement pas de ta chère Mélissa. À tout de suite, chérie.

Et il raccrocha le téléphone. Mélissa alors se mit à pleurer.

— François, je te demande pardon, murmurait-elle.

Mireille la regardait, effarée. Elle commençait à sentir qu'il y avait anguille sous roche. «Serait-elle plus attachée à lui qu'elle ne le laisse entendre ?» Elle n'osait pas l'interroger, redoutant de provoquer une seconde crise d'angine. Petit à petit, Mélissa se calma. Regardant Mireille, elle lui confia:

— Je ne voulais pas m'avouer que je l'aimais. Je suis une folle.

— Non, fit Mireille doucement comme pour ne pas l'effrayer. Tu es une vraie femme et encore plus solitaire que moi.

— Mais dans son cas, Mireille, j'étais séduite, et amoureuse de lui, je m'en rends compte maintenant.

Je l'ai gardé près de moi cette nuit, mais ne fus pas assez intelligente pour lui éviter l'odeur du vin pendant notre dîner. Je ne pourrai plus le revoir.

— Parce que, pour quelques instants, il ne fut plus un héros ? Mélissa, tu connais beaucoup d'alcooliques qui ne font pas une plongée dans l'alcool après quelques années de sobriété ? C'est tellement facile de blâmer un assoiffé le verre à la main.

Mélissa tenta de se lever.

— Mélissa, je ne te visais pas. Marc et moi ne sommes pas enrôlés dans la ligue de la sobriété. Nous avons, nous aussi, bu devant lui sans trop penser à ce que nous devions lui inspirer. À vouloir trop faire le bien, on fait souvent très mal aux autres.

— Je partirai demain, dit Mélissa.

— En nous laissant ton François sur les bras ?

Au moment de gravir l'escalier pour monter à sa chambre, Mélissa se tourna vers Mireille et avoua, avec une tristesse incommensurable :

— Puisque jamais plus je ne le tiendrai dans les miens...

Et elle commença à monter les marches au moment précis où Marc entrait.

— Ne nous quittez pas tout de suite, Mélissa, j'ai des choses à vous dire. J'ai besoin de votre aide pour François.

— Vous ne pensez pas, Marc, que je lui ai fait assez de mal comme ça ?

— Oui, fit Marc en regardant Mireille, et pas seulement vous. Mireille et moi aussi, moi surtout peut-être, mais sans le vouloir. Maintenant, nous allons l'aider, discrètement mais positivement. Mélissa, venez vous asseoir avec nous, j'en ai long à vous raconter.

Mélissa redescendit lentement, lourdement, les quelques marches qu'elle avait gravies. Elle prit place à côté de Mireille. Marc alluma un feu dans la cheminée. Il servit trois verres de vodka et, devant l'évident malaise des deux femmes, il dit sèchement:

— Nous n'allons quand même pas nous mettre tout le poids du monde assoiffé sur le dos.

Mireille le connaissait assez pour deviner sa nervosité et son désarroi. Il lui avait confié, lors de leur voyage à Québec, qu'il n'avait pas beaucoup d'amis. Étranger aux États-Unis, étranger au Canada, et devenu étranger en France où il ne se reconnaissait plus, il s'était attaché à cet homme épuisé par un sort qu'il ne méritait pas. Mireille quitta son fauteuil et prit place à ses côtés, devant la cheminée dans laquelle des bûches éclataient joyeusement au sein de leur tristesse. Elle lui donna la main. Marc lui sourit et entreprit d'une voix rauque de leur raconter qu'Yvan, plus avisé que lui parce que c'était la deuxième fois en trois ans que François succombait à sa soif, avait emprunté la voiture d'un client et l'avait dirigée vers La Malbaie. Il savait d'instinct que François, ivre mais encore lucide, retournerait vers la longue côte, là où il avait trouvé son meilleur ami écrasé par sa moto au bas d'un ravin.

François, vivant, plus grisé que blessé, criait: «Mélissa!»

Marc s'interrompit, puis, parce que Mireille lui serrait la main, il ajouta en regardant une Mélissa au bord des larmes:

— Je ne cherche pas à vous blesser, simplement à vous raconter ce que je viens d'apprendre.

Il se versa un deuxième verre de vodka, alla au réfrigérateur pour prendre des glaçons et revint s'asseoir à côté de Mireille.

— Yvan a ramené François à la grange, l'a attaché sur son lit et lui a servi un dernier verre d'alcool dans lequel il avait versé un calmant, histoire d'éviter une crise durant la nuit. Il m'a dit qu'ils possédaient deux camisoles de force et que lui-même avait eu droit à cet «uniforme des assoiffés» deux fois depuis deux ans. Il m'a presque supplié d'être indulgent pour François. Ses amis m'ont ensuite demandé de m'installer avec eux pour quelques jours, le temps qu'il retrouve ses forces.

— Et évidemment tu as accepté! lança Mireille, soudainement furieuse.

— Oui, j'irai le soutenir, Mireille. Il a plus besoin de moi que toi dans ton quotidien.

Il se leva et, la regardant, poursuivit:

— Mireille, dans un sens, l'amitié est aussi forte et exigeante que l'amour. Toi, tu as Mélissa; ne la quitte surtout pas, dit-il en marchant vers la porte. Je vous tiendrai au courant de la santé de notre ami et vous téléphonerai tous les jours.

Et, sans se retourner, il referma la porte derrière lui.

Quelques instants plus tard, installées devant un feu crépitant et odorant — Mireille avait jeté de l'écorce d'orange et des herbes séchées sur les bûches —, les deux femmes se mirent à causer de François.

— Je suis inquiète et je me sens coupable, avoua Mélissa. Depuis qu'il s'était raconté à Marc et à toi, François se prétendait assez fort pour endurer la soif des autres, surtout la mienne. J'ai été imprudente et insensible envers lui, et je l'ai perdu...

— Nous l'avons sans doute imaginé trop solide, dit Mireille. Marc a raison: nous devons maintenant seconder ses copains pour le ramener à la santé. Mais comment? Tu semblais bien secrète avec moi. Pourquoi?

Mélissa se leva pour déposer une autre bûche dans l'âtre et elle demeura silencieuse.

— Mélissa, reprit Mireille, pourquoi ne me parlais-tu pas de François?

— Parce que, franchement, Mireille, j'ignorais mes sentiments envers lui. Depuis des années, je me tiens occupée à venir en aide à ceux qui font appel à moi, dans plusieurs secteurs de la société. Je ne suis pas sûre d'aider vraiment les autres, mais certaine, en agissant ainsi, de distraire ma solitude. Ce n'est pas facile de se faire pardonner son aisance personnelle, ajouta-t-elle après un long soupir. C'est une des raisons qui m'ont poussée à vouloir emmener François avec moi en Italie et en Israël pour le persuader de reprendre ses travaux et de retrouver sa dignité d'homme. Me suis-je joué une comédie ? Je tentais de me faire pardonner de l'aimer.

Mireille ne savait que dire. Mélissa la regarda et enchaîna :

— Tu comprends mieux maintenant pourquoi je me suis tue ? Je me savais ridicule, mais je n'avais pas envie de te faire rire de mes grands sentiments, fit-elle avec un sanglot dans la voix. Aimer qui ne nous aime pas en retour, c'est souffrir en solitaire, et souffrir terriblement de ne jamais pouvoir en parler avec ceux que nous aimons et surtout avec celui ou celle qui nous envoûte. Je n'aurai finalement connu que des échecs dans ma vie. Je ne dois pas le revoir, pour ne pas lui rappeler l'humiliation de notre nuit par ailleurs si belle... Tu me trouves ridicule, n'est-ce pas ?

— Non. Un peu naïve. Qui t'autorise à croire que François, sobre et conscient de qui tu as été avec lui, ne voudrait plus te revoir ?

— Parce que moi, Mireille, si je le revoyais ici ou ailleurs, je m'accrocherais à ses basques, et j'ai encore assez de fierté pour m'éviter cette humiliation.

La sonnerie du télécopieur retentit. Elles sursautèrent toutes deux. Mireille marcha vers l'appareil et lut à haute voix la feuille blanche qui en émergeait lentement.

Mireille, essayez de convaincre Marc de venir à Paris le plus tôt possible. Nous avons besoin de lui pour la distribution des rôles. Merci de votre collaboration.

Pascale

— Bon, dit Mireille en soupirant, encore une tuile ! Comment lui faire comprendre, là-bas, les obligations qu'il a ici ?

— Téléphone-lui, suggéra Mélissa.

— Si j'y allais à sa place ?

— Ce serait le meilleur moyen de le perdre. Il te sait déjà supérieure à lui en tant que romancière. Si, en plus, tu te faufiles dans son film et en assumes la responsabilité, tu vas le perdre et pour toujours. Ton Marc est fier, macho, et il doit prouver sa valeur à tes yeux.

— Tu as raison, mais je dois répondre à Pascale.

Mireille envoya donc le fax suivant à Pascale :

Impossible de rejoindre Marc avant quelques jours; je lui transmettrai votre message. Bonne chance.

Mireille

— Voilà qui est fait, dit-elle en revenant près de Mélissa. Et dire que c'est à cause d'un fax que Marc est entré dans ma vie... Mais nous faisons quoi maintenant ?

— Essayer de dormir, répondit Mélissa.

Marchant vers l'escalier, elle regarda doucement Mireille et ajouta:

— C'est bon, l'amitié, tu ne crois pas? Et c'est parfois plus simple que nos grandes amours éclatées...

Et elles montèrent dans leurs chambres.

* * *

Lorsque Mireille descendit de sa chambre le lendemain matin pour préparer leur petit déjeuner, Mélissa était déjà à table. Elle n'était plus «la Mélissa des champs mais la Mélissa des villes», lui dit-elle en riant, avant de lui demander:

— Où vas-tu dans tes beaux atours?

— Je pars, Mireille. Non, non, ne te braque pas contre moi. Cette nuit, j'ai longuement réfléchi à l'histoire bizarre que nous vivons tous ensemble.

— Et tu nous quittes?

— Non, Mireille. Je me quitte. Pour me retrouver, moi aussi, comme François et Marc tentent de le faire ensemble. Essaie de comprendre mon point de vue et de ne pas me juger à travers ce que tu estimes être bon pour moi. Mireille, c'est précisément parce que j'ai réagi ainsi vis-à-vis de François que je me suis si lamentablement trompée. J'ai mis ma soif d'être aimée sur son dos, et lui a placé sa soif d'alcool sur le mien. Tout cela n'est pas facile à confier; je me sens coupable et ridicule, Mireille.

— Mais qui décide si l'amour est juste et équitable et si nous avons le droit ou non de le brandir au milieu de notre existence? s'écria Mireille.

— Je ne sais plus que penser mais je dois te quitter.

— Mélissa, reprit alors Mireille, je te connais assez pour comprendre que, si tu as décidé de retourner à Montréal, tu ne reviendras pas sur ta décision. Je la respecte car notre amitié est plus forte que nos difficiles amours. Mais aide-moi à comprendre ce qui se passe en toi, afin que je comprenne mieux ce qui se passe en moi. S'il n'y avait pas Marc, je partirais avec toi. Moi aussi, Mélissa, je suis vidée... Pour la première fois depuis des années, je suis demeurée plus de deux mois sans écrire. Et j'ai peur d'avoir tari mes sources de fiction à cause de ces invraisemblables aventures réelles.

— Mireille, je ne dois pas, par souci de sa propre dignité, être ici quand ton Marc reviendra.

Elle déposa une enveloppe à côté de la tasse de café de Mireille.

— J'ai fait un chèque à ton nom. Si Marc et toi égalez cette somme, alors il sera possible de remettre la grange en bon état, d'y installer l'électricité et l'eau courante, afin que François et ses copains puissent connaître enfin un peu de confort physique, ce qui facilitera leur confort moral. Mireille, un alcoolique, ce n'est pas un clochard, un vaurien ou un hors-la-loi. C'est un malheureux.

— Nous sommes tous des malheureux à notre façon, Mélissa...

— Est-ce que tu comprends, Mireille, que j'ai trouvé enfin l'amour au moment précis où je dois l'abandonner?

— Moi aussi, Mélissa, j'aime ton François au-delà de mon amour pour Marc. Mais je n'aime pas le dévouement de Marc pour François; je le veux près de moi, tout autant que j'ai besoin de ta présence.

— Mais tu dois accepter mon départ, Mireille. J'accepte de perdre François, mais non de l'humilier en lui rappelant des souvenirs dont il ne doit pas être fier.

— Alors, cria presque Mireille, si toi aussi tu me laisses, que deviendrai-je toute seule ici? Une autre alcoolique?

Mélissa se leva.

— As-tu conservé la disquette que Marc t'a remise il y a quelques jours?

— Oui. Et que veux-tu que j'en fasse?

— Mireille, si tu as du courage et de la volonté, et si surtout tu aimes ton métier, tu vas enfin écrire le roman que tu viens de vivre depuis plusieurs mois. Entre la disquette dans ton ordinateur.

Mireille fit ce que Mélissa lui demandait. Debout derrière elle, lorsque l'ordinateur eut ramené le fichier perdu, Mélissa se mit à lire lentement.

— Te souviens-tu de ces lignes, Mireille?

— Oui, répondit Mireille en posant sa tête entre ses mains. Je crois que...

Mélissa la regarda, puis, sans faire de bruit, elle prit sa valise et quitta doucement la maison. Mireille ne s'en rendit même pas compte, absorbée qu'elle était dans sa lecture. Quand elle fut rendue à la fin de son fichier, elle respira profondément à trois reprises, puis fermement, sans hésitation, elle écrivit :

OÙ ES-TU ?
par Mireille Dutour

Je t'ai cherché longtemps. Lorsque j'entrais dans une librairie et que je voyais certains de mes livres en étalage, j'étais malheureuse de te savoir endormi dans les pages de notre roman. J'écris « notre », car tu en étais, autant que moi, l'auteur. J'étais demeurée hantée par toi, et j'avais encore la nostalgie de ton personnage dont je cherchais la trace depuis le jour où tu t'étais absenté de ma vie...

FIN

Cap-à-l'Aigle, septembre 1994 ; Les Trois-Villages, Saint-Sauveur-des-Monts, février 1995.